西樵歷史文化文獻叢書

理氣溯源初集（三）

（清）陳啓沅 撰

廣西師範大學出版社
GUANGXI NORMAL UNIVERSITY PRESS
·桂林·

理氣溯源卷五下目録 黄道恒星

理氣溯源卷五下　黃道恒星下

求恒星逐年黃道經度移宮法

表內恒星。謹遵

欽定儀象考成續編。道光甲辰實測。各按歲差推算。至光緒甲申前冬至、即癸未十一月二十三庚子日午時初三刻十四分之數。按三垣二十八宿及近南極星。依次列表。首列星名。次黃道經度。次甲申後四十年中元甲子前冬至黃道經度。以備設求將來甲子也。其法以本年上距甲申歲若干年。

每年照五十二秒。積得多少秒數。如滿六十秒。收爲一分。如滿六十分收爲一度。加入表內。即知是年冬至交節之時。某星居某宮某度也。先知其冬至所在之宮。方能將是年某月某日某時某刻某分。以推之。方能知某星到方之術也。至如每日移宮法。已詳列于上。倘欲明東西歲差。南北歲差。恒星隐見。高卑行度。天漢界度。各說可於一集經星表。卷首查之。便能了然矣。

黃道經度表

紫微垣

甲申冬至	宮	度	分	秒	緯
北一太子	午	一九	五五	○八	北
極二帝星		一一	三九	四八	
三庶子		六	四五	四九	
四后宮		一	○八	○四	
五天樞	未	一五	○九	○五	
四輔一	—	六	五九	[illegible]八	
二		一○	○一	○五	
三		一三	三六	三五	
四		一四	○二	四七	
勾陳一	申	二七	○○	二三	
二		二九	三四	一○	

光緒甲申後四十年甲子星度

	宮	度	分	秒	
北一太子	午	二○	二九	四八	○
極二帝星	午	一二	一四	二八	○
三庶子		七	二○	二九	○
四后宮		一	四二	四四	○
五天樞	未	一五	四三	四五	○
四輔一		七	三四	三八	○
二		一○	三五	四五	
三		一四	一一	一五	
四		一四	三七	二七	
勾陳一	申	二七	三五	○三	乂
二	未		八	五	

黃道經度	宮	度	分	秒	緯
勾陳三	未	七	四○	○五	北
四		二五	四七	○五	
五	申	一九	五七	二五	
六		一四	一四	二五	
天皇大帝		一九	○八	五五	
天柱一		一二	五二	三○	
二	酉	二八	三六	○四	
三		二八	一○	○九	
四	申	九	五二	○五	
五		二八	二九	四五	
御女	酉	二三	二八	五○	

黃道經度每年歲差五十二秒

	宮	度	分	秒	
勾陳三	未	八	一四	四五	乂
四		二六	二一	四五	
五	申	二○	三二	○五	
六		一四	四九	○五	
天皇大帝		一九	四三	三五	○
天柱一		一三	二七	一○	
二	酉	二九	一○	四四	
三		二八	四四	四九	
四	申	一○	二六	四五	
五		二九	○四	二五	
御女	酉	二四	○三	三○	

甲申冬至	宮	度	分	秒	緯	光緒甲申後四十年甲子星度 宮	度	分	秒	
御女 二	申	一一	一三	四二	北	申	一一	四八	二二	
三	未	一一	五○	二○		未	一二	二五	○○	
四	申	一五	○二	三七		申	一五	三七	一七	
女史	未	二	○七	三八		未	二	四二	一八	
柱史	申	九	四二	○八		申	一○	一六	四八	
尚書 一	午	二四	四四	三○		午	二五	一九	一○	○
二	巳	三	三三	三二		巳	四	○八	一二	
三	辰	二	三○	三八		辰	三	○五	一八	
四	午	二五	○五	四○		午	二五	四○	二○	
五	辰	二	五二	二七		辰	三	二七	○七	
天床 一	午	二四	○四	三六		午	二四	三九	一六	

理氣溯源 卷五

黃道經緯度	宮	度	分	秒	緯
天床 二	巳	六	一二	五六	北
三		二七	五四	一○	
四		一七	○四	二○	
五		八	五五	一○	
六	午	一九	○二	一三	
大理 一	未	二七	五二	○八	
二	未	二九	五三	一八	
陰德 一		二四	五四	二七	
二		二七	一八	○八	
六甲 一		二	○五	二○	
二		四	○二	二五	

黃道經度每年歲差五十二秒

黃道經度	宮	度	分	秒	
天床 二	巳	六	四七	三六	
三		二八	二八	五○	
四		一七	三九	○○	
五		九	二九	五○	
六	午	一九	三六	五三	
大理 一	未	二八	二六	五八	○
二	午		二七	五八	
陰德 一	未	二五	二九	○七	○
二		二七	五二	四八	
六甲 一		二	四○	○○	○
二		四	三七	○五	

甲申冬至	宮	度	分	秒	緯
六甲 三	未	七	二四	○五	北
四		四	○○	○五	
五	申	二三	二七	三五	
六		二五	一五	二○	
五帝內座 一		一四	○四	一二	
二		七	三三	四七	
三		一四	四三	五○	
四		一三	四八	一四	
五		二○	一六	四○	
華蓋 一	申		一一	一○	
二	申		八	○七	

光緒甲申後四十年甲子星度

	宮	度	分	秒	
六甲 三	未	七	五八	四五	
四		四	三四	四五	
五	申	二四	○二	一五	
六		二五	五		
五帝內座 一		一四	三八	五二	○
二		八	○八	二七	
三		一五	一八	三○	
四		一四	二二	五四	
五		一○	五一	二○	
華蓋 一			四五	五○	○
二			四二	四七	

黃道經度宮

星	宮	度	分	秒	緯
華蓋三	酉	二六	三○	五七	北
華蓋四	酉	二二	一六	一六	
華蓋五		二三	二四	二○	
華蓋六		二五	一九	三三	
華蓋七		二七	三五	四八	
杠一	申	一三	○一	三六	
杠二		一○	四七	二八	
杠三		六	一二	五二	
杠四		四	三五	五八	
杠五		二	○○	三三	
杠六		一	四五	二三	

黃道經度每年歲差五十二秒

宮	度	分	秒
酉	二七	○五	三七
	二二	五○	五六
	二三	五七	○○
	二五	五四	一三
	二八	一○	二八
	一三	三六	一六
	一一	二二	○八
	六	四七	三二
	五	一○	三八
	二	三五	一三
	二	二○	○三

甲申冬至

星	宮	度	分	秒	緯
杠七	申		二三	○六	
八	酉	二七	五六	四四	
九	酉	二六	一三	二四	
右垣一右樞	巳	五	四七	二三	
二少尉	午	一四	三六	二○	
三上輔		八	四三	一○	
四少輔	未	二四	四六	三二	
五上衛		五	三三	一○	
六少衛	申	一九	一九	二二	
七上丞		六	一六	五四	
左垣一左樞	辰	三	一七	四五	

光緒甲申後四十年甲子星度

星	宮	度	分	秒	
杠七			五七	四六	
八		二八	三一	二四	
九		二六	四八	○四	
右垣一右樞		六	二二	○三	○
二少尉		一五	一一	○○	○
三上輔		九	一七	五○	○
四少輔		二五	二一	一二	○
五上衛		六	○七	五○	○
六少衛		一九	五四	○二	○
七上丞		六	五一	三四	○
左垣一左樞		三	五二	二五	○

黃道經度	宮	度	分	秒	緯
左垣二上宰	辰	一五	〇八	五二	北
三少宰		一三	三八	四〇	
四上弼		一一	二三	四五	
五少弼	酉	一八	五二	四五	
六上衛		一九	二四	四八	
七少衛		二二	〇一	二六	
八少丞		二八	〇〇	一〇	
天乙	巳	三	一五	四五	
太乙	午	二七	三五	四〇	
內廚一		二一	一六	四二	
內廚二		二四	二九	四〇	

黃道經度每年歲差五十二秒

宮	度	分	秒	
	一五	四三	三二	〇
	一三	一三	二〇	〇
	一	五八	二五	〇
	一九	二七	二五	〇
	一九	五九	二八	〇
	二二	三六	〇六	〇
	二八	三四	五〇	〇
	三	五〇	二五	〇
	二八	一〇	二〇	〇
	二一	五一	二三	
	二五	〇四	二〇	

甲申冬至	宮	度	分	秒	緯
北斗一天樞	午	一三	三四	四〇	北
二天旋		一七	四八	五三	
三天璣		二八	五一	一八	
四天權		二九	二五	三五	
五玉衡	巳	七	一七	四五	
六開陽		一四	〇三	〇三	
七搖光		二五	一八	二〇	
輔		一五	三一	三〇	
天槍一		二八	二一	一九	
二		二九	三〇	四〇	
三	辰		五八	四〇	

光緒甲申後四十年甲子星度

	宮	度	分	秒	
		一四	〇九	二〇	〇
		一八	二三	三三	〇
		二九	二五	五八	〇
	巳			一五	〇
		七	五二	二五	〇
		一四	三七	四三	〇
		二五	五三	〇〇	〇
		一六	〇六	一〇	〇
		二八	五五	五九	
	辰		五	二〇	
		一	三三	二〇	

五

黃道經度	宮	度	分	秒	緯
元戈	辰	五	二二	三八	北
三公 一	巳	二五	四七	四二	
二		二二	四五	四〇	
三		一八	三八	四二	
相		六	一三	〇八	
天理 一	午	一六	四五	四八	
二		二二	四四	〇六	
三		二六	三七	三七	
四		二一	二九	一一	
太陽守	巳	二	〇四	五六	
太尊	午	二七	一三	三八	

黃道經度每年歲差五十二秒

	宮	度	分	秒	
元戈	辰	五	五七	一八	
三公 一	巳	二六	二二	二二	〇
二		二三	二〇	二〇	
三		一九	一三	二二	
相		六	四七	四八	〇
天理 一	午	一七	二〇	二八	〇
二		二三	一八	四六	
三		一七	一二	一七	
四		二二	〇三	五一	
太陽守	巳	二	三九	三六	〇
太尊	午	二七	四八	一八	〇

甲申冬至宮度分秒緯

星	宮	度	分	秒	緯
天牢一	午	二四	五五	二○	北
天牢二	巳	四	○○	○八	
天牢三	午	二七	二八	三五	
天牢四	巳	二	○六	○○	
天牢五	午	二八	二二	五六	
天牢六	巳		二二	二四	
勢一	午	二四	五○	五○	
勢二		二五	三七	五○	
勢三		二九	一八	二三	
勢四		二九	一四	四四	
文昌		二	○三	五三	

光緒甲申後四十年甲子星度

星	宮	度	分	秒	
天牢一	午	二五	三○	○○	
天牢二	巳	四	三四	四八	
天牢三	午	二八	○三	一五	
天牢四	巳	二	四○	四○	
天牢五	午	二八	五七	三六	
天牢六	巳		五七	○四	
勢一	午	二五	二五	三○	
勢二		二六	一二	三○	
勢三		二九	五三	○三	
勢四		二九	四九	二四	
文昌		二	三八	三三	○

星	序	黄道經度宮	度	分	秒	緯
文昌	二	午	四	四一	二九	北
	三		七	四四	五七	
	四		五	四五	○二	
	五		一	三三	三○	
	六		一	四二	四三	
丙階	一	未	二一	二五	一二	
	二		二七	四○	五八	
	三		二三	二三	二九	
	四		二九	一二	五○	
	五		二四	一八	三二	
	六	午		二二	二○	

黄道經度每年歲差五十二秒

星	序	宮	度	分	秒
文昌	二	午	五	一六	○九
	三		八	一九	三七
	四		六	一九	四二
	五		二	○七	一○
	六		二	一七	二三
丙階	一	未	二一	五九	五二
	二		二八	一五	三八
	三		二三	五八	○九
	四		二九	四七	三○
	五		二四	五三	一二
	六	午		五七	○○

甲申冬至	三師 一	二	三	八穀 一	二	三	四	五	六	七	八
宮	未			申							
度	二二	二八	二三	二八	二七	二六	二○	一七	一九	一九	二七
分	二三	四八	三七	二○	三四	一一	三二	四二	一○	五三	三八
秒	五○	四七	四六	○三	○七	○三	二八	三三	三一	五九	一一
緯	北										

光緒甲申後四十年甲子星度

	三師 一	二	三	八穀 一	二	三	四	五	六	七	八
宮	未			申							
度	二二	二九	二四	二八	二八	二六	二一	一八	一九	二○	二八
分	五八	二三	一二	五四	○八	四五	○七	一七	四五	二八	一二
秒	三○	二七	二六	四三	四七	四三	○八	一三	一一	三九	五一
	○			○							

黃道經度宮

星名	序	宮	度	分	秒	緯
傳舍	一	酉	一一	一七	一○	北
	二		一五	三三	二七	
	三		一七	四○	四六	
	四		一八	三一	五二	
	五		二八	○六	○四	
	六	申		五六	○一	
	七		五	一二	三五	
	八		四	四一	三八	
	九		三	二七	一六	
天廚	一	戌	一五	五○	四三	
	二		二九	五五	一五	

黃道經度每年歲差五十二秒

宮	度	分	秒
酉	一一	五一	五○ ○
	一六	○八	○七
	一八	一五	二六
	一九	○六	三二
	二八	四○	四四
申	一	三○	四一
	五	四七	一五
	五	一六	一八
	四	○一	五六
戌	一六	二五	二三
酉		二九	五五

甲申冬至	宮	度	分	秒	緯
天廚三	酉	一	一七	二○	北
四	戌	一九	○○	二三	
五		四	五三	五八	
六		二	○七	一五	
天棓一	寅	二三	一四	○○	
二		八	五一	一三	
三		一○	三○	二六	
四		二六	二七	二八	
五		一八	一五	四一	

光緒甲申後四十年甲子星度

	宮	度	分	秒
天廚三	酉	一	五二	○○
四	戌	一九	三五	○三
五		五	二八	三八
六		二	四一	五五
天棓一	寅	二三	四八	四○
二		九	二五	五三
三		一一	○五	○六
四		二七	○二	○八
五		二八	五○	二一

太微垣

黃道經度	宮	度	分	秒	緯
五帝座一	巳	二〇	〇三	五四	北
二		一九	二七	五六	
三		一八	三〇	四八	
四		二一	〇四	〇七	
五		二一	三一	四五	
太子		一七	二三	三〇	
從官		一五	一七	〇一	
幸臣		二〇	二五	五三	
五諸侯一	辰	四	四九	四七	
二		四	四八	三五	
三		二	一九	二九	

黃道經度每年歲差五十二秒

	宮	度	分	秒	
五帝座一	巳	二〇	三八	三四	。
二		二〇	〇二	三六	
三		一九	〇五	二八	
四		二一	三八	四七	
五		二二	〇六	二五	
太子		一七	五八	一〇	。
從官		一五	五一	四一	。
幸臣		二一	〇〇	三三	
五諸侯一	辰	五	二四	二七	。
二		五	二三	一五	
三		二	五四	〇九	

甲申冬至	五諸侯四	五	九卿一	二	三	三公一	二	三	內屏一	二	三
宮	巳		辰						巳		
	二	二							二	二	二
度	九	六	三	五	三	四	五	八	一	二	五
	二	○	五	五	三	四	二	○	四	三	五
分	六	一	五	○	四	八	○	○	五	四	八
	五	二	一	五	二	四	五	四	○	一	○
秒	○	四	二	八	九	○	四	○	九	五	九
緯	北										

光緒甲申後四十年甲子星度

宮	辰	巳	辰						巳		
		二							二	二	二
度		六	四	六	四	五	五	八	二	三	六
		三	二	二	○	二	五	三	一	○	三
分		六	九	五	九	三	五	五	九	八	二
	一	○	五	三	○	二	三	二	四	五	四
秒	三	四	三	八	五	○	四	○	九	五	九
	○					○			○		

黃道經度	宮	度	分	秒	緯
內屏四	巳	二六	○七	四六	北
右執法（西垣）		二五	三○	五四	
西上將		一七	○七	一五	
西次將		一五	五七	三八	
西次相		一一	五○	一一	
西上相		九	四二	○一	
左執法（東垣）	辰	三	一五	三二	
東上相		八	三六	五一	
東次相		九	五四	三四	
東次將		八	二二	二○	
東上將		七	二三	一五	

黃道經度每年歲差五十二秒

	宮	度	分	秒	(微)
內屏四	巳	二六	四二	二六	
右執法		二六	○五	三四	○
西上將		一七	四一	五五	○
西次將		一六	三二	一八	○
西次相		一二	二四	五一	○
西上相		一○	一六	四一	○
左執法	辰	三	五○	一二	○
東上相		九	一一	三一	○
東次相		一○	二九	一四	○
東次將		八	五七	○○	○
東上將		七	五七	五五	○

甲申冬至	宮	度	分	秒	緯
郎將	巳	二八	一五	○四	北
郎位一		二二	一七	○四	
二		二三	二六	一二	
三		二二	四○	二○	
四		二三	○一	三五	
五		二三	五五	○九	
六		二二	四七	○三	
七		二二	三○	○九	
八		二五	○二	五五	
九		二四	五四	二四	
十		二二	○二	五九	

光緒甲申後四十年甲子星度

	宮	度	分	秒	
郎將	巳	二八	四九	四四	○
郎位一		二二	五一	四四	○
二		二四	○○	五二	
三		二三	一五	○○	
四		二三	三六	一五	
五		二四	二九	四九	
六		二三	二一	四三	
七		二三	○四	四九	
八		二五	三七	三五	
九		二五	二九	○四	
十		二二	三七	三九	

黃道經緯度	宮	度	分	秒	緯
郎位十一	巳	二六	五四	四一	北
十二		二八	三三	一八	
十三		二六	二八	○六	
十四		二二	四○	四六	
十五		二○	二八	四九	
常陳一		二三	五八	○二	
二		一九	五六	一三	
三		一七	二九	二八	
四		一六	一○	四○	
五		一六	五七	四四	
六		一二	五一	三八	

黃道經度每年歲差五十二秒

黃道經度	宮	度	分	秒
郎位十一	巳	二七	二九	二一
十二		二九	○七	五八
十三		二七	○二	四六
十四		二三	一五	二六
十五		二一	○三	二九
常陳一		二三	三二	四二
二		二○	三○	五三
三		一八	○四	○八
四		一六	四五	二○
五		一七	三二	二四
六		一三	二六	一八

甲申冬至	宮	度	分	秒	緯
常陳七	巳	八	二八	一六	北
三台上台二	午	一	一五	二九	
二		二	二一	三八	
中台二		一七	五八	二二	
二		一九	三九	二七	
下台二	巳	五	○三	二○	
二		五	四五	一六	
虎賁		八	五二	五三	
少微一		六	○三	○一	
二		三	五五	○一	
三		一	五三	五五	

光緒甲申後四十年甲子星度

	宮	度	分	秒	
常陳七	巳	九	○二	五六	
三台上台二	午	一	五○	○九	○
二		二	五六	一八	
中台二		一八	三三	○二	○
二		二○	一四	○七	
下台二	巳	五	三八	○○	○
二		六	一九	五六	
虎賁		九	二七	三三	○
少微一		六	三七	四一	○
二		四	二九	四一	
三		二	二八	三五	

黄道經度	宫	度	分	秒	緯
少微四	巳	四	一四	五四	北
靈臺一		一二	五六	四九	北
靈臺二		一二	二五	一三	南
靈臺三		一三	二○	一四	
明堂一		一九	五五	四二	
明堂二		二三	二七	三二	
明堂三		二二	四七	五三	
謁者	辰	一	四六	五七	
長垣一	巳	二	五二	三八	
長垣二		六	○四	○一	
長垣三		八	○五	五九	

黄道經度每年歲差五十二秒

	宫	度	分	秒
少微四	巳	四	四九	三四
靈臺一		一三	三一	二九
靈臺二		一二	五九	五三
靈臺三		一三	五四	五四
明堂一		二○	三○	二二
明堂二		二九	○二	一二
明堂三		二三	二二	三三
謁者	辰	二	二一	三七
長垣一	巳	三	二七	一八
長垣二		六	三八	四一
長垣三		八	四○	三九

甲申冬至	宮	度	分	秒	緯
長垣四	巳	六〇	八四	五	北

光緒甲申後四十年甲子星度

宮	度	分	秒
巳	六四	三二	五

天市垣

黃道經度	帝座	侯	宦者一	宦者二	宦者三	宦者四	斗一	斗二	斗三	斗四	斗五
宮	寅						卯			寅	
度	一四	二〇	一〇	一一	一二	一四	二九	二六	二七	二	四
分	三四	五〇	五七	二二	〇〇	二一	五九	一八	三六	三六	三八
秒	四三	一二	〇一	四八	三〇	〇一	四二	四七	一〇	一七	三五
緯	北										

黃道經度每年歲差五十二秒

宮	寅							卯			
度	一五	二一	一一	一一	一二	一四		二六	二八	三	五
分	〇九	二四	三一	五七	三五	五五	三四	五三	一〇	一〇	一三
秒	二三	五二	四一	二八	一〇	四一	二二	二七	五〇	五七	一五
	〇	〇					〇				

甲申冬至

星	宮	度	分	秒	緯
觜一	寅	九	○二	三一	北
二		一○	一四	五二	
三		八	二五	四八	
四		六	五六	四四	
列肆一		一	五○	三四	
二		四	○○	一八	
車肆一		三	四二	二四	
二		一○	四七	四五	
市樓一		二二	五九	一七	
二		二三	五一	四九	
三		二九	一二	○三	

光緒甲申後四十年甲子星度

宮	度	分	秒
寅	九	三七	一一
	一○	四九	三二
	九	○○	二八
	七	三一	二四
	二	二五	一四
	四	三四	五八
	四	一七	○四
	一一	二二	二五
	二三	三三	五七
	二四	二六	二九
	二九	四六	四三

黃道經度	宮	度	分	秒	緯
市樓四	寅	一八	四二	一九	北
五		二○	一三	二○	
六		二四	○七	○七	
宗正一		二三	四五	二四	
二		二五	○三	一二	
宗人一		二八	二九	一三	
二		二八	三五	五九	
三		二八	五三	五七	
四		二九	五三	五六	
宗一	丑	一三	一三	一七	
二		一三	一六	二八	

黃道經度每年歲差五十二秒

宮	度	分	秒	
寅	一九	一六	五九	
	二○	四八	○○	
	二四	四一	四七	
	二四	二○	○四	○
	二五	三七	五二	
	二九	○三	五三	○
	二九	一○	三九	
	二九	二八	三七	
丑		二八	三六	
	一三	四七	五七	
	一三	五一	○八	

甲申冬至

星	宮	度	分	秒	緯
房度一	寅	二八	五○	一六	北
二	丑	一	一五	一六	
屠肆一		六	一三	二九	
二			二○	○四	
右垣一河中	卯	二九	二九	二六	
二河間		二七	三六	一三	
三晉		二四	○六	○六	
四鄭		二一	○七	四四	
五周		一八	二一	四三	
六秦		一六	四五	一四	
七蜀		二○	二八	○二	

光緒甲申後四十年甲子星度

星	宮	度	分	秒
房度一	寅	二九	二四	五六
二	丑	一	四九	五六
屠肆一		六	四八	○九
二			五四	四四
右垣一河中	寅		四	○六
二河間	卯	二八	一○	五三
三晉		二四	四○	四六
四鄭		二一	四二	二四
五周		一八	五六	二三
六秦		一七	一九	五四
七蜀		二一	○二	四二

黃道經緯度

星	宮	度	分	秒	緯
八巴	卯	二二	四四	○二	北
九梁	寅		四二	五五	
十楚		一	五五	二五	
十一韓		八	二八	三五	
左垣一魏		一三	○八	一○	
二趙		一八	一六	○八	
三九河		二三	三九	○六	
四中山	丑	一	○七	五三	
五齊		一五	二九	二四	
六吳越		一八	一五	一四	
七徐		一四	一一	五五	

黃道經度每年歲差五十二秒

宮	度	分	秒
卯	二三	一八	四二
寅	一	一七	三五
	二	三○	○五
	九	○三	一五
	一三	四二	五○
	一八	五○	四八
	二四	一三	四六
丑	一	四二	三三
	一六	○四	○四
	一八	四九	五四
	一四	四六	三五

甲申冬至	宮	度	分	秒	緯
八東海	丑	四	一六	四三	北
九燕	寅	二八	○九	五六	
十南海		二二	五八	○三	
十一宋		一六	二三	二六	
天紀一	卯	二三	三八	五○	
二		二九	五三	二九	
三	寅	六	四一	三六	
四		六	二二	一三	
五		七	一一	四五	
六		一二	一九	○二	
七		一九	三九	四八	

光緒甲申後四十年甲子星度

	宮	度	分	秒
	丑	四	五一	二三
	寅		二八	○九
	寅	二八	四四	三六
		二三	三二	四三
		一六	五八	○六
	卯	二四	一三	三○
	寅	七	一六	一六
		六	五六	五三
		七	四六	二五
		一二	五三	四二
		二○	一四	二八

星名	序	宮	度	分	秒	緯
天紀	八	寅	二四	○九	五五	北
	九		二六	五○	三○	
女牀	一		一○	二五	五二	
	二		一一	二○	一○	
	三		一三	四六	四二	
貫索	一	卯	一○	三五	二一	
	二		七	五○	○○	
	三		七	三○	三三	
	四		一○	四○	三六	
	五		一三	一六	三○	
	六		一五	二二	五四	

黃道經度每年歲差五十二秒

星名	序	宮	度	分	秒	
天紀	八	寅	二四	四四	三五	
	九		二七	二五	一○	
女牀	一		一一	○○	三二	
	二		一一	五四	五○	
	三		一四	二一	二二	
貫索	一	卯	一一	一○	○一	乂
	二		八	二四	四○	
	三		八	○五	一三	
	四		一一	一五	一六	
	五		一三	五一	一○	
	六		一五	五七	三四	

甲申冬至

星	宮	度	分	秒	緯
貫索七	卯	一七	三〇	五五	北
八		一七	二四	一八	
九		一五	三三	〇四	
七公一		一七	四七	二九	
二		一二	四八	五一	
三		一〇	〇三	〇六	
四		六	三三	四七	
五			五四	〇五	
六		一	三五	五三	
七		一	三二	四八	

光緒甲申後四十年甲子星度

星	宮	度	分	秒
貫索七	卯	一八	〇五	三五
八		一七	五八	五八
九		一六	〇七	四四
七公一		一八	二二	〇九
二		一三	三三	三一
三		一〇	三七	四六
四		七	〇八	二七
五		一	二八	四五
六		二	一〇	三三
七		二	〇七	二八

角宿恒星

黃道經度	宮	度	分	秒	緯
角宿一	辰	二二	一六	○一	南
角宿二		二○	三四	三○	北
平道一		一六	三九	○三	
平道二		二五	○八	一一	
天田一		一八	四八	二八	
天田二		二六	○九	三六	
周鼎一		二	五一	一一	
周鼎二	巳	二八	二七	四四	
周鼎三	辰	一	四七	二二	
進賢		一三	三七	三五	
天門一		二一	一○	三六	

黃道經度每年歲差五十二秒

黃道經度	宮	度	分	秒	
角宿一	辰	二二	五○	四一	
角宿二		二一	○九	一○	
平道一		一七	一三	四三	○
平道二		二五	四二	五一	
天田一		一九	二三	○八	
天田二		二六	四四	一六	
周鼎一		三	二五	五一	
周鼎二	巳	二九	○二	二四	
周鼎三	辰	二	二二	○二	
進賢		一四	一二	一五	
天門一		二一	四五	一六	

甲申冬至	宮	度	度	分	分	秒	秒	緯
天門二	辰	二	四	三	三	五	五	南
平一		二	五	二	七	一	○	
二	卯		六	五	五	四	八	
庫樓一		一	三	二	三	一	九	
二		一	八	三	九	二	三	
三		一	○	四	四	五	八	
四			六	二	六	一	六	
五			四	五	五	五	六	
六			五	○	五	五	七	
七				四	六	一	六	
八	辰	二	九	四	五	五	五	

光緒甲申後四十年甲子星度

	宮	度	度	分	分	秒	秒	
天門二	辰	二	五	○	八	三	五	○
平一		二	六	○	一	五	○	
二	卯		七	三	○	二	八	
庫樓一		一	三	五	七	五	九	
二		一	九	一	四	○	三	
三		一	一	一	九	三	八	
四			七	○	○	五	六	
五			五	三	○	三	六	
六			五	四	○	三	七	
七			一	二	○	五	六	
八				二	○	三	五	

黃道經緯度

星	宮	度	分	秒	緯
庫樓九	辰	二六	三〇	四三	南
十		二九	一〇	四七	
柱一	卯	一三	四六	一四	
二		一二	四八	四五	
三		一七	一三	五七	
四		一八	〇四	〇九	
五		一五	一五	四四	
六		一四	〇九	一七	
七		六	一二	三五	
八		六	二〇	四〇	
九		五	〇七	二三	

黃道經度每年歲差五十二秒

星	宮	度	分	秒
庫樓九	辰	二七	〇五	二三
十		二九	四五	二七
柱一	卯	一四	二〇	五四
二		一三	二三	二五
三		一七	四八	三七
四		一八	三八	四九
五		一五	五〇	二四
六		一四	四三	五七
七		六	四七	一五
八		六	五五	二〇
九		五	四二	〇三

里氣朔原　卷五　黃道恒星　七

甲申冬至

星	宮	度	度	分	分	秒	秒	緯
柱十	卯			一	九	三	一	南
十一			一	三	五	五	四	
衡一			九	三	一	五	四	
二			九	五	八	一	八	
三		一	一	二	七	一	八	
四		一	二	三	二	○	四	
南門一		一	三	五	六	五	九	
二		二	八	一	九	四	七	

光緒甲申後四十年甲子星度

	宮	度	度	分	分	秒	秒	
	卯			五	四	一	一	
			二	一	○	三	四	
		一	○	○	六	三	四	○
		一	○	三	二	五	八	
		一	二	○	一	五	八	
		一	三	○	六	四	四	
		一	四	三	一	三	九	
		二	八	五	四	二	七	

亢宿恒星黄道經緯度

星	宮	度	分	秒	緯
亢宿一	卯	二	五五	二○	北
二		二	一二	一六	
三		三	五三	三四	
四		五	二二	五三	
大角	辰	二二	三八	三二	
右攝提一		一七	四三	一二	
二		一六	二二	一○	
三		一七	三六	三七	
左攝提一	卯	一	一二	二五	
二			一四	四六	
三		一	二五	○一	

黄道經度每年歲差五十二秒

星	宮	度	分	秒	
亢宿一	卯	三	三○	○○	
二		二	四六	五六	
三		四	二八	一四	
四		五	五七	三三	
大角	辰	二三	一三	一二	
右攝提一		一八	一七	五二	○
二		一六	五六	五○	
三		一八	一一	一七	
左攝提一	卯	一	四七	○五	○
二			四九	二六	
三		一	五九	四一	

	甲申冬至宫	度	分	秒	緯	光緒甲申後四十年甲子星度宫	度	分	秒
折威一	卯	一九	二九	二四	南	卯	一〇	〇四	〇四
二		一二	四〇	三五			一三	一五	一五
三		一三	三七	二六			一四	一二	〇六
四		一四	二七	五七			一五	〇二	三七
五		一四	三〇	〇九			一五	〇四	四九
六		一六	四七	二七			一七	二二	〇七
七		一九	〇七	一一			一九	四一	五一
頓頑一		二五	五四	五八			二六	二九	三八
二		二三	〇五	四〇			二三	四〇	二〇
陽門一		一八	二二	三〇			一八	五七	一〇
二		一七	四八	〇七			一八	二二	四七

氐宿恒星黄道經緯度宮

		宮	度	分	秒	緯
氐宿	一	卯	一三	三一	二○	北
	二		一九	二六	二三	南
	三		二三	三三	三三	北
	四		一七	四八	二○	北
亢池	一	辰	二三	五五	五一	
	二		二三	○三	○三	
	三		二四	五三	二二	
	四		二六	○八	三二	
帝席	一		一八	二七	四四	
	二		一四	五七	四五	
	三		一三	四五	一八	

黄道經度每年歲差五十二秒

宮	度	分	秒
卯	一四	○六	○○
	二○	○一	○三
	二四	○八	一三
	一八	二三	○○
辰	二九	三○	三一
	二三	三七	四三
	二五	二八	○二
	二六	四三	一二
	一九	○二	二四
	一五	三二	二五
	一四	一九	五八

甲申冬至宮度分秒緯

星	宮	度	分	秒	緯
梗河一	辰	二六	二九	一五	北
二		二二	一六	一三	
三		二一	一[illegible]	三○	
招搖		一六	○二	五八	
天乳	卯	二四	二一	四八	
天輻一		二七	○二	○八	南
二		二七	四五	五七	
陣車一		一六	五三	三八	
二		一九	二七	五九	
騎官一		二九	五二	三三	
二		二七	○四	○九	

光緒甲申後四十年甲子星度

星	宮	度	分	秒	緯
梗河一	辰	二七	○三	五五	
二		二二	五○	五三	
三		二一	四五	一○	
招搖		一六	三七	三八	人
天乳	卯	二四	五六	二八	
天輻一		二七	三六	四八	
二		二八	二○	三七	
陣車一		一七	二八	一八	
二		二○	○二	三九	
騎官一	寅		二七	一三	
二	卯	二七	三八	四九	

黃道經緯度

黃道經度	宮	度	分	秒	緯
騎官三	卯	二三	一二	四四	南
四		二三	二六	一三	
五		二六	○八	二八	
六		二八	三一	五五	
七		二八	四八	一六	
八		二六	○五	四八	
九		二二	一四	四○	
十		二一	五五	○三	
車騎一		二九	一七	○九	
二		二二	○五	一八	
三		二一	三六	一六	

黃道經度每年歲差五十二秒

黃道經度	宮	度	分	秒
騎官三	卯	二三	四七	二四
四		二四	○○	五三
五		二六	四三	○八
六		二九	○六	三五
七		二九	二二	五六
八		二六	四○	二八
九		二二	四九	二○
十		二二	二九	四三
車騎一		二九	四一	四九
二		二二	三九	五八
三		二二	一○	五六

甲申冬至宮 度 分 秒

騎陣將軍 卯 二七 五四 〇八

光緒甲申後四十年甲子星度

宮 度 分 秒

卯二八二八四八〇

房宿恒星黃道經度

星		宮	度	分	秒	緯
房宿	一	寅	一	二二	○五	南
	二		一	三三	三二	南
	三		一	○○	三○	南
	四		一	三七	三六	北
鉤鈐	一		二	○六	一五	
	二		二	一六	四九	
鍵閉	一		三	○四	五一	
罰	一		一	五四	○三	
	二			四五	五一	
	三	卯	二九	四九	三三	
西咸	一		二九	四三	二三	

黃道經度每年歲差五十二秒

星		宮	度	分	秒	
房宿	一	寅	一	五六	四五	
	二		二	○八	一二	
	三		一	三五	一○	
	四		二	一二	一六	
鉤鈐	一		二	四○	五五	
	二		二	五一	二九	
鍵閉	一		三	三九	三一	
罰	一		二	二八	四三	〆
	二		一	二○	三一	
	三			二四	一三	
西咸	一			一八	○三	

甲申冬至	西咸二	三	四	東咸一	二	三	四	日	從官一	二	
宮	卯			寅				卯		寅	
度	二八	二八	二五	七	六	五	八	二六	二九	一	
分	四八	一七	四七	○六	二五	五八	○四	一一	四七	一四	
秒	四四	四四	一八	○六	○五	五八	三三	四○	○八	二○	
緯	北										

光緒甲申後四十年甲子星度

宮	卯			寅				卯	寅		
度	二九	二八	二六	七	六	六	八	二六		一	
分	二三	五二	二一	四○	五九	三三	三九	四六	二一	四九	
秒	二四	二四	五八	四六	四五	三八	一三	二○	四八	○○	

心宿恒星黃道經度

	宮	度	分	秒	緯
心宿一	寅	六	一四	○四	南
二		八	一○	四四	
三		九	五二	三六	
積卒一		四	二八	四○	
二		三	五七	四○	

黃道經度每年歲差五十二秒

	宮	度	分	秒
心宿一	寅	六	四八	四四
二		八	四五	二四
三		一○	二七	一六
積卒一		五	○三	二○
二		四	三二	二○

尾宿恒星

	甲申冬至宮	度	分	秒	緯
尾宿 一	寅	一四	二九	〇四	南
二		一三	四八	一二	
三		一五	三四	〇二	
四		一九	〇六	五四	
五		二三	五八	四七	
六		二五	五四	〇九	
七		二四	五一	一九	
八		二二	五九	五〇	
九		二二	二五	五六	
神宮		一五	二二	三〇	
天江 一		一八	一二	五五	

光緒甲申後四十年甲子星度

	宮	度	分	秒	
尾宿 一	寅	一五	〇三	四四	
二		一四	二二	五二	
三		一六	〇八	四二	
四		一九	四一	三四	
五		二四	三三	二七	
六		二六	二八	四九	
七		二五	二五	五九	
八		二三	三四	〇	
九		二三	〇〇	三六	
神宮		一五	五七	一〇	〇
天江 一		一八	四七	三五	〇

黃道經度	宮	度	分	秒	緯
天江二	寅	一八	二六	五四	南
天江三		一九	四七	五一	
天江四		二〇	四四	三四	
傅說		二六	二一	二〇	
魚		二七	〇八	一四	
龜一		一八	〇一	一一	
龜二		二三	四一	二二	
龜三		二三	五八	二〇	
龜四		一七	二〇	〇七	
龜五		一八	一六	一一	

黃道經度每年歲差五十二秒

	宮	度	分	秒
天江二	寅	一九	〇一	三四
天江三		二〇	二二	三一
天江四		二一	一九	一四
傅說		二六	五六	〇〇
魚		二七	四二	五四
龜一		一八	三五	五一
龜二		二三	一六	〇二
龜三		二四	三三	〇〇
龜四		一七	五四	四七
龜五		一八	五〇	五一

甲申冬至	宮	度	分	秒	緯
箕宿 一	寅	二九	四〇	二七	南
二	丑	三	〇〇	五二	
三		三	三二	一三	
四		二	〇七	二八	
糠 一	寅	二一	一五	五六	
杵 一		二三	四九	四二	
二		二三	一九	四六	
三		二二	三六	三三	

光緒甲申後四十年甲子星度

	宮	度	分	秒
箕宿 一	丑		一五	〇七
二		三	三五	三二
三		四	〇六	五三
四		二	四二	〇八
糠 一	寅	二一	五〇	三六
杵 一		二四	二四	二二
二		二三	五四	二六
三		二三	一一	一三

斗宿恒星黃道經度宮

星名		宮	度	分	秒	緯
斗宿	一	丑	八	三六	二二	北
	二		四	四五	三五	南
	三		一	四○	五○	北
	四		一○	五三	五二	南
	五		一三	一六	五○	南
	六		一二	○三	○二	南
天籥	一	寅	二七	一六	一○	
	二		二五	一九	四九	北
	三		二四	三三	二四	
	四		二三	三一	○三	
	五		二三	四二	一八	

黃道經度每年歲差五十二秒

星名		宮	度	分	秒
斗宿	一	丑	九	一一	○二
	二		五	二○	一五
	三		二	一五	三○
	四		一一	二八	三二
	五		一三	五一	三○
	六		一二	三七	四二
天籥	一	寅	二七	五○	五○
	二		二五	五四	二九
	三		二五	○八	○四
	四		二四	○五	四三
	五		二三	一六	五八

甲申冬至

星	號	宮	度	度	分	分	秒	秒	緯
天籥	六	寅	二	一	五	三	五	五	南
	七		二	二	○	七	五	○	
	八		二	五	三	九	四	一	
天弁	一	丑		七	二	六	三	七	北
	二			九	一	一	五	四	
	三			九	三	四	一	二	
	四		一	○	五	○	二	○	
	五		一	三	一	六	一	五	
	六		一	四	三	○	二	二	
	七		一	五	四	八	五	五	
	八		一	五	三	三	三	九	

光緒甲申後四十年甲子星度

星	號	宮	度	度	分	分	秒	秒
天籥	六	寅	二	二	二	八	三	五
	七		二	二	四	二	三	○
	八		二	六	一	四	二	一
天弁	一	丑		八	○	一	一	七
	二			九	四	六	三	四
	三		一	○	○	八	五	二
	四		一	一	二	五	○	○
	五		一	三	五	○	五	五
	六		一	五	○	五	○	二
	七		一	六	二	三	三	五
	八		一	六	○	八	一	九

黃道經緯	宮	度	分	秒	緯
天弁九	丑	一五	○四	○五	北
建一		一一	五四	三二	
建二		一三	二六	二六	
建三		一四	四一	二四	
建四		一六	四七	○二	
建五		一七	五三	○○	
建六		一八	○六	二九	
天鷄一		二三	○六	○九	
天鷄二		二三	二二	二一	
狗一		二○	一五	五五	南
狗二		一七	四四	五九	

黃道經度每年歲差五十二秒

	宮	度	分	秒
天弁九	丑	一五	三八	四五
建一		一二	二九	一二
建二		一四	○一	○六
建三		一五	一六	○四
建四		一七	二一	四二
建五		一八	二七	四○
建六		一八	四一	○九
天鷄一		二三	四○	四九
天鷄二		二三	五七	○一
狗一		二○	五○	三五
狗二		一八	一九	三九

甲申冬至	宮	度	分	秒	緯
狗國 一	丑	二四	一五	二六	南
二		二四	五八	五六	
三		二五	二九	一○	
四		二四	二○	五五	
天淵 一		一四	一一	○六	
二		一四	○八	二四	
三		一四	五八	二六	
農丈人		七	三三	一四	
鱉 一		三	三四	○三	
二		七	四六	二七	
三		二○	四二	三九	

光緒甲申後四十年甲子星度

	宮	度	分	秒	
狗國 一	丑	二四	五○	○六	メ
二		二五	三三	三六	
三		二六	○三	五○	
四		二四	五五	三五	
天淵 一		一四	四五	四六	
二		一四	四三	○四	
三		一五	三三	○六	
農丈人		八	○六	五四	
鱉 一		四	○八	四三	
二		八	二一	○七	
三		一一	一七	一九	

黄道緯度	宫	度	分	秒	緯
鼈					
四	丑	一一	五七	二一	南
五		一二	二六	○六	
六		一二	二九	四四	
七		一一	五七	四九	
八		一○	二四	二八	
九		九	五六	二八	
十		五	○五	五二	
十一		四	五四	三六	

黄道經度每年歲差五十二秒

	宫	度	分	秒
四	丑	一二	三二	○一
五		一三	○○	四六
六		一三	○四	二四
七		一二	三二	二九
八		一○	五九	○八
九		一○	三一	○八
十		五	四○	三二
十一		五	二九	一六

甲申冬至	宮	度	分	秒	緯
牛宿一	子	二	三○	三七	北
二		二	一九	○一	
三			五七	○八	
四		三	一○	三五	
五		三	四○	五○	
六		三	三七	四九	
天桴一		三	二一	四○	
二		一	三五	五七	
三	丑	二九	一八	○八	
四		二八	五二	三四	
河鼓一	子		五二	二四	

光緒甲申後四十年甲子星度

	宮	度	分	秒
牛宿一	子	三	○五	一七
二		二	五三	四一
三		一	三一	四八
四		三	四五	一五
五		四	一五	三○
六		四	一二	二九
天桴一		三	五六	二○
二		二	一○	三七
三	丑	二九	五二	四八
四	丑	二九	二七	一四
河鼓一	子	一	二七	○四

黃道經緯度

黃道經緯度	河鼓二	河鼓三	右旗一	右旗二	右旗三	右旗四	右旗五	右旗六	右旗七	右旗八	右旗九
宮	子	丑									
度		二九	二五	二六	二二	二一	二四	二三	二三	二三	二七
分	九	二二	一三	一四	○二	五一	一六	五六	五五	一七	一八
秒	○四	四八	三八	三六	○一	二○	二七	二八	二六	二七	四二
緯	北										

黃道經度每年歲差五十二秒

黃道經度	河鼓二	河鼓三	右旗一	右旗二	右旗三	右旗四	右旗五	右旗六	右旗七	右旗八	右旗九
宮	子	丑	丑								
度		二九	二五	二六	二二	二二	二四	二四	二四	二三	二七
分	四三	五七	四八	四九	三六	二六	五一	三一	三○	五二	五三
秒	四四	二八	一八	一六	四一	○○	○七	○八	○六	○七	二二

星名	號	甲申冬至宮	度	分	秒	緯
左旗	一	丑	二九	三〇	五六	北
	二		二九	三九	〇三	
	三		一	五〇	二	
	四		二	二九	二七	
	五		五	二八	三八	
	六		五	一三	四六	
	七		四	二〇	三三	
	八		五	四六	〇四	
	九		八	三四	一三	
織女	一	丑	一三	四二	五八	
	二		一七	〇三	二二	

光緒甲申後四十年甲子星度

星名	號	宮	度	分	秒
左旗	一	子		五	三六
	二			一三	四三
	三		二	二五	〇〇
	四		三	〇四	〇七
	五		六	〇三	一八
	六		五	四八	二六
	七		四	五五	一三
	八		六	二〇	四四
	九		九	〇八	五三
織女	一	丑	一四	一七	三八
	二		一七	三八	〇二

黃道經度	宮	度	分	秒	緯
織女三	丑	一六	三二	三五	北
漸臺一		二○	○七	一九	
二		一七	二一	一○	
三		二○	二二	四○	
四		二四	三八	四八	
輦道一		二三	四○	二六	
二		二七	一七	五一	
三		二八	五八	五一	
四	子	一	三六	○○	
五		七	二二	一七	
羅堰一		六	四四	五四	

黃道經度每年歲差五十二秒

	宮	度	分	秒
織女三	丑	一七	○七	一五
漸臺一		二○	四一	五九
二		一七	五五	五○
三		二○	五七	二○
四		二五	一三	二八
輦道一		二四	一五	○六
二		二七	五二	三一
三		二九	三三	三一
四	子	二	一○	四○
五		七	五六	五七
羅堰一		七	一九	三四

甲申冬至

星		宮	度	分	秒	緯
羅堰	二	子	六	〇七	〇三	北
	三		六	三七	三九	
天田	一		一〇	四三	二八	南
	二		六	二三	四五	
	三		一〇	一七	四六	
	四		五	三六	五一	
九坎	一		九	一二	一〇	
	二		六	二三	〇〇	
	三		三	一二	四〇	
	四		七	一三	〇〇	

光緒甲申後四十年甲子星度

星		宮	度	分	秒
羅堰	二	子	六	四一	四三
	三		七	一二	一九
天田	一		一一	一八	〇八
	二		六	五八	二五
	三		一〇	五二	二六
	四		六	一一	三一
九坎	一		九	四六	五〇
	二		六	五七	四〇
	三		三	四七	二〇
	四		七	四七	四〇

女宿恒星

黃道經緯度

	宮	度	分	秒	緯
女宿一	子	一〇	一〇	四六	北
女宿二		一一	三〇	五三	
女宿三		一二	〇九	〇八	
女宿四		一一	二五	二六	
離珠一		九	二一	二四	
離珠二		一〇	一〇	一三	
離珠三		一〇	五三	〇八	
離珠四		七	三〇	二四	
敗瓜一		一二	三一	〇七	
敗瓜二		一三	一六	四六	
敗瓜三		一四	四〇	一五	

黃道經度每年歲差五十二秒

	宮	度	分	秒	[mark]
女宿一	子	一〇	四五	二六	
女宿二		一二	〇五	三三	
女宿三		一二	四三	四八	
女宿四		一一	六〇	〇六	
離珠一		九	五六	〇四	
離珠二		一〇	四四	五三	
離珠三		一一	二七	四八	
離珠四		八	〇五	〇四	
敗瓜一		一三	〇五	四七	〆
敗瓜二		一三	五一	二六	
敗瓜三		一五	一四	五五	

甲申冬至

星	宮	度	分	秒	緯
敗瓜四	子	一三	四六	二八	北
五		一三	四○	一六	
瓠瓜一		一五	五○	○四	
二		一七	五○	二一	
三		一六	三四	四七	
四		一四	四七	二四	
五		一四	一三	一四	
天津一		二三	一九	三一	
二		一四	四二	四七	
三		二六	三二	五九	
四	亥	三	四八	一二	

光緒甲申後四十年甲子星度

星	宮	度	分	秒
敗瓜四	子	一四	二一	○八
五		一四	一四	五六
瓠瓜一		一六	二四	四四
二		一八	二五	○一
三		一七	○九	二七
四		一五	二二	○四
五		一四	四七	五四
天津一		二三	五四	一一
二		一五	一七	二七
三		二七	○七	三九
四	亥	四	二二	五二

黃道經緯度	宮	度	分	秒	緯
天津五	亥	四	三七	〇一	北
六		七	〇二	四八	
七		五	四三	三九	
八		一	三〇	四六	
九	子	二六	〇九	三二	
奚仲一		一三	二二	五八	
二		一六	二八	二三	
三		一七	〇八	二二	
四		一九	四六	四八	
扶筐一	丑	二八	二九	一六	
二		二五	一〇	三六	

黃道經度每年歲差五十二秒

	宮	度	分	秒
天津五	亥	五	一一	四一
六		七	三七	二八
七		六	一八	一九
八		二	〇五	二六
九	子	二六	四四	一二
奚仲一		一三	五七	三八
二		一七	〇三	〇三
三		一七	四三	〇二
四		二〇	二一	二八
扶筐一	丑	二五	六三	五六
二		二五	四六	一六

甲申冬至

甲申冬至	宮	度	分	秒	緯
扶筐三	丑	二○	四七	二四	北
四	子	一三	二九	一○	
五		一二	一二	四五	
六		九	二五	一○	
七		七	一二	四○	
十二國周一		一一	一二	五五	南
二		一一	○二	四二	
秦一		一二	一八	四○	
二		一四	三八	四一	
代一		一六	○八	三○	
二		一七	五五	一七	

光緒甲申後四十年甲子星度

光緒甲申後四十年甲子星度	宮	度	分	秒
緒	丑	二一	二二	○四
甲	子	一四	○三	五○
申		一二	四七	二五
後		九	五九	五○
四		七	四七	二○
十		一一	四七	三五
年		一一	三七	二二
甲		一二	五三	二○
子		一五	一三	二一
星		一六	四三	一○
度		一八	二九	五七

黃道經緯度	宮	度	分	秒	緯
四趙 一	子	一二	一一	五七	南
二		一二	〇九	〇九	
五越		九	三四	〇四	
六齊		一一	四四	五二	
七楚		一三	二八	五四	
八鄭		一〇	二一	〇四	
九魏		一五	二〇	四五	
十韓		一五	五五	一八	
十一晉		一六	〇二	〇〇	
十二燕		一五	二三	五九	

黃道經度每年歲差五十二秒

	宮	度	分	秒
四趙 一	子	一二	四六	三七
二		一二	四三	四七
五越		一〇	〇八	四四
六齊		一二	一九	三二
七楚		一四	〇三	三四
八鄭		一〇	五五	四四
九魏		一五	五五	二五
十韓		一六	二九	五八
十一晉		一六	三六	四〇
十二燕		一五	五八	三九

甲申冬至

星名	等	宫	度	分	秒	緯
虛宿	一	子	二一	五一	三二	北
	二		二一	三三	五八	北
司命	一		二五	三七	○七	
	二		二六	四二	四○	
司祿	一		二八	二六	四九	
	二		二六	二四	○六	
司危	一		二三	五四	一二	
	二		二三	三八	一五	
司非	一		二一	五二	三四	
	二		二二	五四	○○	
哭	一		二四	一六	二二	南

光緒甲申後四十年甲子星度

星名	等	宫	度	分	秒	
虛宿	一	子	二二	二六	一二	
	二		二二	○八	三八	
司命	一		二六	一一	四七	○
	二		二七	一七	二○	
司祿	一		二九	○一	二九	○
	二		二六	五八	四六	
司危	一		二四	二八	五二	○
	二		二四	一二	五五	
司非	一		二二	二七	一四	㐅
	二		二三	二八	四○	
哭	一		二四	五一	○二	㐅

黃道經緯度	哭二	泣一	泣二	離瑜一	二	三	天壘城一	二	三	四	五
宮	子	亥		子							
度	二八	二二	一	九	一二	一○	二三	二三	二四	二三	二三
分	五七	二七	四○	○二	四三	二一	三四	五一	○五	二七	二三
秒	○八	四七	二四	一○	一○	三○	二六	四一	四一	一四	○八
緯	南	北		南			北				

黃道經度每年歲差五十二秒

	哭二	泣一	泣二	離瑜一	二	三	天壘城一	二	三	四	五
宮	子	亥		子							
度	二九	三	二	九	一○	一三	二三	二四	二四	二四	二三
分	三一	○二	一五	三六	五六	一七	○九	二六	四○	○一	五七
秒	四八	二七	○四	五○	一○	五○	○六	二一	二一	五四	四八
		㐅		人			㐅				

甲申冬至	宮	度	分	秒	緯
天壘城六	子	一七	四八	二六	北
七		一四	五六	四九	
八		一二	一三	五一	
九		一二	○六	○○	
十		一四	五一	一三	
十一		一七	○四	四○	
十二		一八	三七	四三	
十三		一九	○一	四七	
敗臼一		一五	五二	一八	
二		一七	二一	五六	
三		二九	四三	○六	

光緒甲申後十四年甲子星度

	宮	度	分	秒
天壘城六		一八	二三	○六
七		一五	三一	二九
八		一二	四八	三一
九		一二	四○	四○
十		一五	二五	五三
十一		一七	三九	二○
十二		一九	一二	二三
十三		一九	三六	二七
敗臼一		一六	二六	五八
二		一七	五六	三六
三	亥		一七	四六

黄道經度

敗曰四

宮	度	分	秒
子	二九	〇七	三〇

黄道經度每年歲差五十二秒

宮	度	分	秒
子	二九	四二	一〇

甲申冬至

星名	宮	度	分	秒	緯
危宿一	亥	一	四九	二六	北
危宿二		五	一三	二六	北
危宿三			一九	四二	北
墳墓一		七	一九	一一	
墳墓二		五	○八	五一	
墳墓三		八	四九	三三	
墳墓四		七	○二	三一	
蓋屋一			三四	二九	
蓋屋二		一	二二	五○	
虛梁一		二	三六	三五	
虛梁二		四	二七	二八	

光緒甲申後四十年甲子星度

星名	宮	度	分	秒
危宿一	亥	二	二四	○六
危宿二		五	四八	○六
危宿三			五四	二二
墳墓一		七	五三	五一
墳墓二		五	四三	三一
墳墓三		九	二四	一三
墳墓四		七	三七	一一
蓋屋一		一	○九	○九
蓋屋二		一	五七	三○
虛梁一		三	一一	一五
虛梁二		五	○二	○八

理氣溯源　卷五

黃道經度		宮	度	分	秒	緯
虛梁	三	亥	七	五〇	五三	北
	四		一二	二九	一〇	
天錢	一	子	二〇	五五	三〇	南
	二		一七	〇六	四〇	
	三		一五	四〇	三八	
	四		二〇	三三	〇六	
	五		二一	〇三	四六	
八	一	亥	二	三六	〇七	北
	二	子	二八	四四	四九	
	三	亥	六	二一	二七	
	四		三	二七	一四	

黃道經度每年歲差五十二秒

		宮	度	分	秒
虛梁	三	亥	八	二五	三三
	四		一三	〇三	五〇
天錢	一	子	五一	三〇	〇〇
	二		一七	四一	二〇
	三		一六	一五	一八
	四		二一	〇七	四六
	五		二一	三八	二六
八	一	亥	三	一〇	四七
	二	子	二九	一九	二九
	三	亥	六	五六	〇七
	四		四	〇一	五四

甲申冬至

星	宮	度	分	秒	緯
杵一	亥	二二	二六	四七	北
杵二		一七	五九	五三	
杵三		一四	二七	○七	
白一		八	五四	一○	
白二		七	二四	二○	
白三		一二	五○	一九	
白四		一七	五六	三六	
車府一	戌	四	四九	四九	
車府二		三	○四	三二	
車府三			四四	一六	
車府四	亥	一八	四○	二八	

光緒甲申後四十年甲子星度

星	宮	度	分	秒
杵一	亥	二三	○一	二七
杵二		一八	三四	三三
杵三		一五	○一	四七
白一		九	二八	五○
白二		七	五九	○○
白三		一三	二四	五九
白四		一八	三一	一六
車府一	戌	五	二四	二九
車府二		三	三九	一二
車府三		一	一八	五六
車府四	亥	一九	一五	○八

黃道經度	號	宮		度		分		秒	緯
車府	五	亥	一	一	三	六	〇	九	北
	六			九	一	九	〇	三	
	七		一	四	四	七	三	三	
造父	一	戌	一	六	〇	三	四	五	
	二		一	二	二	四	二	五	
	三		一	四	二	五	二	六	
	四			九	〇	五	二	一	
	五		一	二	五	六	一	八	
天鈎	一		一	七	四	二	三	五	
	二			七	三	二	四	八	
	三			三	二	三	五	〇	

黃道經度每年歲差五十二秒

	號	宮		度		分		秒
車府	五	亥	一	二	一	〇	四	九
	六			九	五	三	四	三
	七		一	五	二	二	一	三
造父	一	戌	一	六	三	八	二	五
	二		一	二	五	九	〇	五
	三		一	五	〇	〇	〇	六
	四			九	四	〇	〇	一
	五		一	三	三	〇	五	八
天鈎	一		一	八	一	七	一	五
	二			八	〇	七	二	八
	三			三	五	八	三	〇

甲申冬至

	宮	度	分	秒	緯
天鈞四	戌	二	五九	三八	北
五		一一	一七	四三	
六		二二	四一	四九	
七		二六	五〇	一五	
八	酉	一	四三	一〇	
九		八	二八	三五	

光緒甲申後四十年甲子星度

	宮	度	分	秒
四	戌	三	三四	一八
五		一一	五二	二三
六		二三	一六	二九
七		二七	二四	五五
八	酉	二	一七	五〇
九		九	〇三	一五

室宿恒星黄道經度

星	宮	度	分	秒	緯
室宿 一	亥	二一	五三	五三	北
二		二七	四六	五三	北
離宮 一		二一	二八	二八	
二		二二	四八	○○	
三		二三	二○	二三	
四		二四	○八	五二	
五		二九	三○	四八	
六	戌		二四	五五	
騰蛇 一		六	三六	五二	
二		四	二三	一二	
三	亥	二六	○四	二八	

黄道經度每年歲差五十二秒

星	宮	度	分	秒	
室宿 一	亥	二二	二八	三三	
二		二八	二一	三三	
離宮 一		二二	○三	○八	
二		二三	二二	四○	
三		二三	五五	○三	
四		二四	四三	三二	
五	戌		五	二八	
六			五九	三五	
騰蛇 一		七	一一	三二	乂
二		四	五六	五二	
三	亥	二六	三九	○八	

甲申冬至　騰蛇

	宮	度	分	秒	緯
四	亥	二六	四八	五五	北
五		二二	三七	○○	
六		二三	一六	三五	
七	戌	五	二一	二○	
八		六	一○	○五	
九		一一	二五	三○	
		七	○八	三六	
十一		二八	二六	二一	
十二		二九	三二	○四	
十三		二九	三二	一一	
十四		二五	五一	四五	

光緒甲申後四十年甲子星度

	宮	度	分	秒
四	亥	二七	二三	三五
五		二三	一一	四○
六		二三	五一	一五
七	戌	五	五六	○○
八		六	四四	四五
九		一二	○○	一○
十		七	四三	一六
十一		二九	○一	○一
十二	酉		六	四四
十三			六	五一
十四	戌	二六	二六	二五

黃道經度	宮	度	分	秒	緯
騰蛇 十五	亥	一九	一二	〇八	北
十六		一三	〇五	五六	
十七		一四	一三	二五	
十八		一四	五五	〇九	
十九		一六	四六	二三	
二十		一八	二五	五三	
廿一		一五	四五	五六	
廿二		一四	三三	〇五	
雷電 一	亥	一四	三三	四六	
二		一六	二一	五九	
三		一六	四一	四一	

黃道經度每年歲差五十二秒

	宮	度	分	秒
十五	戌	一九	四六	四八
十六		一三	四〇	三六
十七		一四	四八	〇五
十八		一五	二九	四九
十九		一七	二一	〇三
二十		一九	〇〇	三三
廿一		一六	二〇	三六
廿二		一五	〇七	四五
一	亥	一五	〇八	二六
二		一六	五六	三九
三		一七	一六	二一

申甲冬至	宮	度	分	秒	緯
雷電四	亥	二○	○○	五六	北
五		二四	五七	○三	
六		二六	三一	四六	
土公吏一		一○	二三	三二	
二		一○	五六	三七	
壘壁陣一	子	二○	○五	一五	南
二		一八	三九	○二	
三		二○	一三	五二	
四		二二	○○	二四	
五		二七	一一	一一	
六	亥	三	四八	三四	

光緒甲申後四十年甲子星度

	宮	度	分	秒
雷電四	亥	二○	三五	三六
五		二五	三一	四三
六		二七	○六	二六
土公吏一		一○	五八	一二
二		一一	三一	一七
壘壁陣一	子	二○	三九	五五
二		一九	一三	四二
三		二○	四八	三二
四		二二	三五	○四
五		二七	四五	五一
六	亥	四	二三	一四

黃道經度	宮	度	分	秒	緯
壘壁陣七	亥	九	五九	二一	南
八		一五	三五	三七	
九		二六	四三	一四	
十		二七	三八	四四	
十一		二七	二二	一八	
十二		二六	二八	一六	
羽林軍一	子	二五	一二	〇七	
二		二六	〇七	〇一	
三		二六	一九	〇二	
四		二七	四五	一八	
五		二六	五七	三四	

黃道經度每年歲差五十二秒

	宮	度	分	秒
壘壁陣七	亥	一〇	三四	〇一
八		一六	一〇	一七
九		二七	一七	五四
十		二八	一三	二四
十一		二七	五六	五八
十二		二七	〇二	五六
羽林軍一	子	二五	四六	四七
二		二六	四一	四一
三		二六	五三	四二
四		二八	一九	五八
五		二七	三二	一四

甲申冬至	宮	度	分	秒	緯
羽林軍六	子	二三	四八	○○	南
七		二六	二一	四○	
八		二九	四三	二○	
九	亥		五七	五六	
十		一	三○	三○	
十一			五六	二二	
十二		四	一四	三四	
十三		三	三九	三五	
十四		二	二七	五五	
十五			三八	○三	
十六		二	一七	二一	

光緒甲申後十四年甲子星度

	宮	度	分	秒
羽林軍六	子	二四	二二	四○
七		二六	五六	二○
八	亥		一八	○○
九		一	三二	三六
十		二	○五	一○
十一		一	○一	○二
十二		四	四九	一四
十三		四	一四	一五
十四		三	○一	三五
十五		一	一二	四三
十六		二	五二	○一

黃道經度	宮	度		分		秒	緯
羽林軍廿七	亥	一	二	二	四	五	南
六			一	二	二	六	
九		三	五	七	五	〇	
廿		五	四	七	一	三	
廿一		六	五	二	〇	〇	
廿二			五	四	二	六	
廿三		八	三	九	〇	三	
廿四		七	〇	一	三	二	
廿五		六	二	五	〇	四	
廿六		七	一	八	二	九	
廿七		七	〇	九	五	一	

黃道經度每年歲差五十二秒

	宮	度		分		秒
羽林軍廿七	亥	一	五	七	二	五
六			四	七	〇	六
九		四	三	二	三	〇
廿		六	二	一	五	三
廿一		七	二	六	四	〇
廿二		八	二	九	〇	六
廿三		九	一	三	四	三
廿四		七	三	六	一	二
廿五		六	五	九	四	四
廿六		七	五	三	〇	九
廿七		七	四	四	三	一

甲申冬至	宮	度	分	秒	緯
羽林軍廿六	亥	八	二七	三三	南
廿九		八	○一	三三	
三十		六	四四	二四	
三一		一三	五○	五九	
三二		一三	一七	三五	
三三		一二	二一	五二	
三四		一一	五五	二二	
三五		一三	五四	四二	
三六		一三	四四	四四	
三七		一五	一四	五六	
三八		一五	一○	五七	

光緒甲申後四十年甲子星度

宮	度	分	秒
亥	九	○二	一三
	八	三六	一三
	七	一九	○四
	一四	二五	三九
	一三	五二	一五
	一二	五六	三三
	一二	三○	○三
	一四	二九	二二
	一四	一九	二四
	一五	四九	三六
	一五	四五	三七

黃道經度	宮		度		分		秒	緯
羽林軍三十九	亥	一	四	四	四	○	八	南
四十		一	三	二	四	一	○	
四十一		一	二	五	三	二	一	
四十二		一	二	四	八	五	○	
四十三		一	五	三	○	三	六	
四十四		一	八	○	六	一	○	
四十五		一	八	三	七	五	七	
天綱				三	五	五	五	
北落師門			二	一	五	三	九	
鈇鉞一		一	六	五	五	二	二	
二		一	七	三	四	○	四	

黃道經度每年歲差五十二秒

	宮		度		分		秒
羽林軍三十九	亥	一	五	一	八	四	八
四十		一	三	五	八	五	○
四十一		一	三	二	八	○	一
四十二		一	三	二	三	三	○
四十三		一	六	○	五	一	六
四十四		一	八	四	○	五	○
四十五		一	九	一	二	三	七
天綱			一	一	○	三	五
北落師門			二	五	○	一	九
鈇鉞一		一	七	三	○	○	二
二		一	八	○	八	四	四

甲申冬至	宮	度	分	秒	緯
鈇鉞三	亥	一八	四三	五八	南
八魁一		二四	四一	五二	
二		二二	一一	一七	
三		二一	二二	四九	
四		二五	一四	二〇	
五		二八	四一	〇二	
六		二三	五六	五二	

光緒甲申後四十年甲子星度

	宮	度	分	秒	
	亥	一九	一八	三八	
		二五	一六	三二	〇
		二二	四五	五七	
		二一	五七	二九	
		二五	四九	〇〇	
		二九	一五	四二	
		二四	三一	三二	

壁宿恒星黄道經緯度宮度分秒

星名	號	宮	度	分	秒	緯
壁宿	一	戌	七	三四	三〇	北
	二		一二	四三	三三	
天廐	一		一九	三六	二四	
	二		二〇	〇一	三〇	
	三		一八	四八	三三	
土公	一		二	二四	二一	
	二		七	二二	三五	
霹靂	一	亥	一七	〇〇	三六	
	二		一九	五〇	二四	
	三		二三	三九	〇七	
	四		二六	〇四	一八	

黄道經度每年歲差五十二秒

星名	號	宮	度	分	秒	
壁宿	一	戌	八	〇九	一〇	
	二		一三	一八	一三	
天廐	一		二〇	一一	〇四	
	二		二〇	三六	一〇	
	三		一九	二三	一三	
土公	一		二	五九	〇一	
	二		七	五七	一五	
霹靂	一	亥	一七	三五	一六	乂
	二		二〇	二五	〇四	
	三		二四	一三	四七	
	四		二六	三八	五八	

甲申冬至

星	宮	度	分	秒	緯
霹靂五	戌	一	○○	三五	北
雲雨一	亥	二一	二一	一三	
二		二一	○二	五五	
三		二六	二六	四七	
四		二五	○二	一六	
鈇鑕一	戌	一○	○六	二四	南
二		一二	五七	五七	
三		一四	○七	一二	
四		一七	四八	五五	
五		一六	一八	一二	

光緒甲申後四十年甲子星度

星	宮	度	分	秒
霹靂五	戌	一	二五	一五
雲雨一		二一	五五	五三
二		二一	三七	三五
三		二七	○一	二七
四		二五	三六	五六
鈇鑕一	戌	一○	四一	○四
二		一三	三二	三七
三		一四	四一	五二
四		一八	二三	三五
五		一六	五二	五二

奎宿恒星

奎宿

黃道經度	宮	度	分	秒	緯
一	戌	二○	五一	四八	北
二		一九	○二	○九	
三		二一	○三	二六	
四		一九	二二	四二	
五		二○	一三	五四	
六		二一	○五	二七	
七		二七	三四	三二	
八		二七	三四	二五	
九		二八	四八	二四	
十		二六	三二	一○	
十一		二六	四四	○六	

黃道經度每年歲差五十二秒

	宮	度	分	秒
一	戌	二一	二六	二八
二		一九	三六	四九
三		二一	三八	○六
四		一九	五七	二二
五		二○	四八	三四
六		二一	四○	○七
七		二八	○九	一二
八		二八	○九	○五
九		二九	二三	○四
十		二七	○六	五○
十一		二七	一八	四六

甲申冬至	宮	度		分		秒		緯
奎宿十二	戌	二	八	一	○	○	一	北
十三		二	七	一	一	五	○	
十四		二	四	五	四	一	一	
十五		二	二	五	七	二	三	
十六		二	一	五	四	四	○	
王良一	酉		三	三	二	四	六	
二		一	一	○	五	五	九	
三			八	三	八	三	六	
四			六	一	六	○	三	
五			三	○	八	○	三	
策		一	二	二	四	四	五	

光緒甲申後四十年甲子星度

	宮	度		分		秒		一
奎宿十二	戌	二	八	四	四	四	一	
十三		二	七	四	六	三	○	
十四		二	五	二	八	五	一	
十五		二	三	三	二	○	三	
十六		二	二	二	九	二	○	
王良一	酉		四	○	七	二	六	
二		一	一	四	○	三	九	
三			九	一	三	一	六	
四			六	五	○	四	三	
五			三	四	二	四	三	
策		一	二	五	九	二	五	

黃道經度	宮	度	分	秒	緯
附路	酉	三	三三	一八	北
軍南門		四	五三	四一	
閣道一	申		四八	四○	
二	酉	二三	一一	二八	
三		一六	二一	五五	
四		一○	一四	○九	
五		三	二七	三○	
六			五六	○五	
外屏一	戌	一二	三四	五七	
二		一五	五七	五一	
三		一八	一六	五三	南

黃道經度每年歲差五十二秒

	宮	度	分	秒
附路	酉	四	○七	五八
軍南門		五	二八	二一
閣道一	申	一	二三	二○
二	酉	二三	四六	○八
三		一六	五六	三五
四		一○	四八	四九
五		四	○二	一○
六		一	三○	四五
外屏一	戌	一三	○九	三七
二		一六	三二	三一
三		一八	五一	三三

甲申冬至		宮	度	分	秒	緯
外屏	四	戌	二一	三一	二〇	南
	五		二三	五五	一七	
	六		二五	五五	五八	
	七		二七	四七	〇三	
天溷	一		七	二三	二六	
	二		六	四八	一二	
	三		三	四〇	一〇	
	四		四	一八	一一	
土司空				五七	四二	

光緒甲申後四十年甲子星度

宮	度	分	秒
戌	二二	〇六	〇〇
	二四	二九	五七
	二六	三〇	三八
	二八	二一	四三
	七	五八	〇六
	七	二二	五二
	四	一四	五〇
	四	五二	五一
	一	三二	二二

婁宿恒星黄道經緯度

	宮	度	分	秒	緯
婁宿一	酉	二	二二	三九	北
二		一	三五	四○	北
三		六	○三	五八	北
天大將軍一		一二	四○	二四	
二		一三	○二	五三	
三		一○	五三	一六	
四		八	三四	○七	
五		八	五六	○六	
六		七	○一	○七	
七		七	二○	四一	
八		八	五七	四五	

黄道經度每年歲差五十二秒

	宮	度	分	秒	
婁宿一	酉	二	五七	一九	
二		二	一○	二○	
三		六	三八	三八	
天大將軍一		一三	一五	○四	○
二		一三	三七	三三	
三		一一	二七	五六	
四		九	○八	四七	
五		九	二○	四六	
六		七	三五	四七	
七		七	五五	二一	
八		九	三二	二五	

甲申冬至	宮	度	分	秒	緯
天大將軍九	酉	一○	四四	二四	北
十		一一	五六	○一	
十一		一一	五五	二三	
右更一	戌	二五	二九	五二	
二		二五	一四	○○	
三		二五	一九	五八	
四		二六	○九	二○	南
五		二六	三四	四六	北
左更一	酉	一二	三三	一五	
二		一二	四四	三五	
三		一一	四八	二三	南

光緒甲申後十四年甲子星度

	宮	度	分	秒
天大將軍九	酉	一一	一九	○四
十		一二	三○	四一
十一		一二	三○	○三
右更一	戌	二六	○四	三二
二		二五	四八	四○
三		二五	五四	三八
四		二六	四四	○○
五		二七	○九	二六
左更一	酉	一三	○七	五五
二		一三	一九	一五
三		一二	二三	○三

黄道經度	宫	度	分	秒	緯
左更四	酉	一三	二〇	二六	南
五		一三	三三	三二	北
天倉一	亥	二九	一九	四〇	南
二	戌	一〇	一〇	五八	
三		一四	三八	三二	
四		二〇	二一	二七	
五		一六	二〇	二八	
六		一七	五三	一二	
天庾一		一六	一六	三一	
二		二三	〇九	四八	
三		二三	一二	二二	

黄道經度每年歲差五十二秒

	宫	度	分	秒
左更四	酉	一三	五五	〇六
五		一四	〇八	一二
天倉一	亥	二九	五四	二〇
二	戌	一〇	四五	三八
三		一五	一三	一二
四		二〇	五六	〇七
五		一六	五五	〇八
六		一八	二七	五二
天庾一		一六	五一	一一
二		二三	四四	二八
三		二三	四七	〇二

甲申冬至	宮	度	分	秒	緯
胃宿 一	酉	一五	二〇	二七	北
二		一六	四六	三五	北
三		一六	三七	二五	北
大陵 一		二二	三〇	二三	
二		二六	二一	一〇	
三		二七	三一	五一	
四		二六	〇五	五二	
五		二四	三五	二二	
六		二三	一九	一二	
七		二〇	一四	五三	
八		一九	一六	三三	

光緒甲申後四十年甲子星度

	宮	度	分	秒
胃宿 一	酉	一五	五五	〇七
二		一七	二一	一五
三		一七	一二	〇五
大陵 一		二三	〇五	〇三
二		二六	五五	五〇
三		二八	〇六	三一
四		二六	四〇	三二
五		二五	一〇	〇二
六		二三	五三	五二
七		二〇	四九	三三
八		一九	五一	一三

黃道經度	宮	度	分	秒
積尸	酉	二二	一九	一五
天船一		二七	一一	○四
二		二八	二六	四七
三	申		三○	四四
四		二	一○	三六
五		三	一三	四六
六		七	五五	三三
七		九	一三	四○
八		一○	一○	二九
九		一○	三八	二六
積水		八	一一	○二

黃道經度每年歲差五十二秒

黃道經度	宮	度	分	秒
積尸	酉	二二	五三	五五
天船一		二七	四五	四四
二		二九	○一	二七
三	申	一	○五	二四
四		二	四五	一六
五		三	四八	二六
六		八	三○	一三
七		九	四八	二○
八		一○	四五	○九
九		一一	一三	○六
積水		八	四五	四二

甲申冬至		宮	度	分	秒
天廩	一	酉	二一	五九	五八
	二		二一	二九	三八
	三		二○	一八	二三
	四		一九	三四	一六
天囷	一		一二	四三	五五
	二		一七	一五	○五
	三		一三	二九	四六
	四		一○	二○	三○
	五		二	二八	一六
	六		五	五二	一五
	七		六	四八	四九

光緒甲申後四十年甲子星度

	宮	度	分	秒
	酉	二二	三四	三八
		二二	○四	一八
		二五	○三	○三
		二○	○八	五六
		一三	一八	三五
		一七	四九	四五
		一四	○四	二六
		一○	五五	一○
		三	○二	五六
		六	二六	五五
		七	二三	二九

黃道經度	宮	度	分	秒
天囷八	酉	七	五一	四三
九		五	五九	○六
十		三	四四	五九
十一		一	二○	四四
十二	戌	二八	一二	五六
十三		二八	三一	○○

黃道經度每年歲差五十二秒

	宮	度	分	秒
	酉	八	二六	二三
		六	三三	四六
		四	一九	三九
		一	五五	二四
	戌	二八	四七	三六
		二九	○五	四○

昴宿恒星

甲申冬至

		宮	度	分	秒	緯
昴宿	一	酉	二七	五〇	〇一	北
	二		二七	五九	二二	
	三		二八	〇九	五六	
	四		二八	〇六	一一	
	五		二八	〇七	一〇	
	六		二八	二四	四八	
	七		二八	四六	三二	
天阿			二三	四一	三四	
月		申	一	五一	五九	
卷舌	一		二	一五	〇〇	
	二		四	〇六	〇五	

光緒甲申後四十年甲子星度

		宮	度	分	秒
昴宿	一	酉	二八	二四	四一
	二		二八	三四	〇二
	三		二八	四四	三六
	四		二八	四〇	五一
	五		二八	四一	五〇
	六		二八	五九	二八
	七		二九	二一	一二
天阿			二四	一六	一四
月		申	二	二六	三九
卷舌	一		二	四九	四〇
	二		四	四〇	四五

黃道經度	卷舌三	卷舌四	卷舌五	卷舌六	天讒	礪石一	礪石二	礪石三	礪石四	天陰一	天陰二
宮	申	申	酉		申					酉	
度	三	一	二九	二九		三	四	六	六	二四	二○
分	二三	三二	○七	三三	五二	四二	○四	三一	一七	三一	二一
秒	五五	二四	三四	三○	二一	○五	一二	三六	三九	三○	一四

黃道經度每年歲差五十二秒

黃道經度	卷舌三	卷舌四	卷舌五	卷舌六	天讒	礪石一	礪石二	礪石三	礪石四	天陰一	天陰二
宮			酉	申						酉	
度	三	二	二九		一	四	四	七	六	二五	二○
分	五八	○七	四二	八	二七	一六	三八	○六	五二	○六	五五
秒	三五	○四	一四	一○	○一	四五	五二	一六	一九	一○	五四

星名	甲申冬至宮	度	分	秒	光緒甲申後四十年甲子星度 宮	度	分	秒
天陰三	酉	二三	○三	○九	酉	二三	三八	○九
四		一九	一四	五八		一九	四九	三八
五		二四	一七	○八		二四	五一	四八
芻藁一	戌	二八	○六	五○	戌	二八	四一	三○
二	酉	一	五九	三八	酉	二	三四	一八
三	戌	二八	○五	五三	戌	二八	四○	三三
四	酉	一	二二	一六	酉	一	五六	五六
五	戌	二七	五五	一四	戌	二八	二九	五四
六	酉	一	四四	五五	酉	二	一九	三五
天苑一		二三	一六	一四		二二	五○	五四
二		一九	二二	○八		一九	五六	五八

黃道經度宮

天苑

	宮	度	分	秒
三	酉	一九	一五	三六
四		一六	四〇	〇四
五		一二	一四	〇五
六		七	〇九	三〇
七		二	一〇	三三
八			二九	三〇
九		一	〇二	二一
十		三	〇九	四〇
十一		八	二九	四三
十二		一二	三六	一二
十三		一五	四八	五五

黃道經度每年歲差五十二秒

	宮	度	分	秒
三	酉	一九	五〇	一六
四		一七	一四	四四
五		一二	四八	四五
六		七	四四	一〇
七		二	四五	一三
八		一	〇四	一〇
九		一	三七	〇一
十		三	四四	二〇
十一		九	〇四	二三
十二		一三	一四	五二
十三		一六	二三	三五

甲申冬至	宮	度	分	秒
天苑十四	酉	一五	四五	三二
十五		一七	一六	〇〇
十六		一九	二三	一七

光緒甲申後四十年甲子星度

宮	度	分	秒
酉	一六	二〇	一二〇
	一七	五〇	四〇
	一九	五七	五七

畢宿恒星黃道經度宫

星	宫	度	分	秒	緯
畢宿 一	申	六	五二	五一	南
二		五	五六	二二	
三		五	一六	〇七	
四		四	一二	一四	
五		八	一一	四〇	
六		六	二一	〇五	
七		五	四六	五〇	
八	酉	二九	〇二	一一	
附耳 一	申	八	五四	三二	
天街 一		六	三六	一七	
二		四	二八	二〇	

黃道經度每年歲差五十二秒

星	宫	度	分	秒
畢宿 一	申	七	二七	三一
二		六	三一	〇二
三		五	五〇	四七
四		四	四六	五四
五		八	四六	二〇
六		六	五五	四五
七		六	二一	三〇
八	酉	二九	三六	五一
附耳 一	申	九	二九	一二
天街 一		七	一〇	五七〇
二		五	〇三	〇〇

甲申冬至

星	宮	度	分	秒
天高一	申	一五	一一	一六
二		一二	○九	三八
三		一六	二二	三二
四		一八	五八	三八
諸王一		二六	五四	一七
二		二三	四九	四七
三		二一	二六	三六
四		一六	二五	○九
五		一四	一九	○四
六		一○	三四	○○
五車一		一五	○三	一三

光緒甲申後四十年甲子星度

星	宮	度	分	秒	
天高一	申	一五	四五	五六	○
二		一二	四四	一八	
三		一六	五七	一二	
四		一九	三三	一八	
諸王一		一七	二八	五七	○
二		二四	二四	二七	
三		二三	○一	一六	
四		一六	五九	四九	
五		一四	五三	四四	
六		一一	○八	四○	
五車一		一五	三七	五三	○

理氣朔原　卷五　黃道恒星　臣

黃道經度

黃道經度	五車二	五車三	五車四	五車五	柱一	柱二	柱三	柱四	柱五	柱六	柱七
宮	申										
度	二○	二八	二八	二○	一七	一七	一七	二六	二六	二六	二二
分	一五	一九	二○	五七	一四	○二	五○	三四	四一	一四	三四
秒	二一	一一	二五	三六	五○	三八	三二	一八	一五	○四	○○

黃道經度每年歲差五十二秒

宮	申										
度	二○	二八	二八	二一	一七	一七	一八	二七	二七	二六	二三
分	五○	五三	五五	三二	四九	三七	二五	○八	一五	四八	○八
秒	○一	五一	○五	一六	三○	一八	一二	五八	五五	四四	四○
	○										

甲申冬至

星	宮	度	分	秒
柱八	申	二三	四六	二六
九		二四	一五	四○
咸池一		二○	五四	三八
二		二二	五八	○三
三		二○	一二	三四
天潢一		一九	五九	○三
二		二一	三七	二○
三		一八	五四	三三
四		二一	一○	二八
五		一八	五八	五六
天關		二三	一一	○八

光緒甲申後四十年甲子星度

星	宮	度	分	秒	
柱八	申	二四	二一	○六	
九		二四	五○	二○	
咸池一		二一	二九	一八	ㄨ
二		二三	三二	四三	
三		二○	四七	一四	
天潢一		二○	三三	四三	○
二		二二	一二	○○	
三		一九	二九	一三	
四		二一	四五	○八	
五		一九	三三	三六	
天關		二三	四五	四八	○

黃道經度	宮	度	分	秒
天節 一	申	五	四一	三七
二		七	二六	四七
三		三	五八	一一
四		五	五七	一一
五		八	〇九	一〇
六		八	三四	三八
七		七	一一	五〇
八		四	〇九	三七
九州砦 一	酉	二七	四五	三〇
二		二七	五〇	三一
三	申	一	四四	二七

黃道經度每年歲差五十二秒

	宮	度	分	秒	
天節 一	申	六	一六	一七	〇
二		八	〇一	二七	
三		四	三二	五一	
四		六	三一	五一	
五		八	四三	五〇	
六		九	〇九	一八	
七		七	四六	三〇	
八		四	四四	一七	
九州砦 一	酉	二八	二〇	一〇	
二		二八	二五	一一	
三	申	二	一九	〇七	

甲申冬至

	九州殊口四	五	六	參旗一	二	三	四	五	六	七	八
宮	申										
度	五	六	六	一一	一二	一二	一一	一○	一○	一○	一○
分	一三	三○	一七	五二	四四	○五	五八	四五	一七	二九	五三
秒	五五	三八	五○	五五	一四	五一	三五	三三	一九	四○	二○

光緒甲申後四十年甲子星度

	四	五	六	一	二	三	四	五	六	七	八
宮	申										
度	五	七	六	一二	一三	一二	一二	一一	一○	一一	一一
分	四八	○五	五二	二七	一八	四○	三三	二○	五一	○四	二八
秒	三五	一八	三○	三五	五四	三一	一五	一三	五九	二○	○○
				○							

黃道經度	宮	度	分	秒
參旗九	申	一一	五五	二二
九游一		六	二○	一五
二		七	四五	三三
三		九	二六	四三
四		一○	四三	三一
五		一○	二四	四○
六		六	五一	二六
七		五	五六	○五
八		三	○八	二一
九		九	二七	四二
天園一	亥	二一	五二	二一

黃道經度每年歲差五十二秒

黃道經度	宮	度	分	秒	
參旗九	申	一二	三○	○二	
九游一		六	五四	五五	
二		八	二○	一三	
三		一○	○一	二三	
四		一一	一八	一一	
五		一○	五九	二○	
六		七	二六	○六	
七		六	三○	四五	
八		三	四三	○一	
九		一○	○二	二二	
天園一	亥	二二	二七	○一	○

甲申冬至

天囷	宮	度	分	秒
二	亥	二四	二三	○三
三		二九	一五	五三
四	戌	六	一一	三五
五		一四	一三	一三
六		二一	三三	○七
七	酉	七	一八	四八
八		八	五五	二五
九		一○	一○	一九
十		二○	五一	四○
十一		二二	五一	一○
十二		二八	一七	○一

光緒甲申後四十年甲子星度

天囷	宮	度	分	秒
二	亥	二四	五七	四三
三		二九	五○	三三
四	戌	六	四六	一五
五		一四	四七	五三
六		二二	○七	四七
七	酉	七	五三	二八
八		九	三○	○五
九		一○	四四	五九
十		二一	二六	二○
十一		二三	二五	五○
十二		二八	五一	四一

黃道經度

天園	宮	度	分	秒
十三	酉	二七	五三	○○

黃道經度每年歲差五十二秒

宮	度	分	秒
酉	二八	二七	四○

星名	甲申冬至宮	度	分	秒	緯	光緒甲申後四十年甲子星度 宮	度	分	秒	
觜宿一	申	二二	○五	五八	南	申	二二	四○	三八	
二		二一	五九	三一			二二	三四	一一	
三		二二	三○	○八			二三	○四	四八	
司怪一		二七	五六	○八			二八	三○	四八	
二		二九	二一	○四			二九	五五	四四	
三	未		二	○五		未		三六	四五	
四	申	二七	○六	○三		申	二七	四○	四三	
座旗一	未	七	○二	三七		未	七	三七	一七	○
二		九	二一	○二			九	五五	四二	
三		六	三八	四○			七	一三	二○	
四		七	一二	五四			七	四七	三四	

黃道經度宮

座旗

宮	五	六	七	八	九
度	六○	八二	六一	六一	九○
分	四○	二一	○○	○二	五三
秒	三	四	五	六	六

黃道經度每年歲差五十二秒

宮					
度	六三	八五	六四	六四	九四
分	八四	六五	四四	五○	○一
秒	三	四	五	六	六

甲申冬至	宮	度	分	秒	緯
參宿一	申	二三	○五	二五	南
二		二一	五一	二四	
三		二○	四五	一八	
四		一七	○八	四○	
五		一九	二一	一三	
六		二四	四七	二一	
七		一五	一三	四○	
伐一		二一	二五	五一	
二		二一	二三	三○	
三		二一	二二	五七	
玉井一		一三	三六	三五	

光緒甲申後四十年甲子星度

	宮	度	分	秒	
參宿一	申	二三	四○	○五	
二		二二	二六	○四	
三		二一	一九	五八	
四		二七	四三	二○	
五		一九	五五	五三	
六		二五	二二	○一	
七		一五	四八	二○	
伐一		二二	○○	三一	
二		二一	五八	一○	
三		二一	五七	三七	
玉井一		一四	一一	一五	○

星氣朔原 卷五 黃道恒星 五六

黃道經度	宮	度	分	秒
玉井二	申	一一	三六	四二
三		一三	四一	○○
四		一五	一四	○六
軍井一		一四	一一	○○
二		一四	一九	二三
三		一六	一一	二七
四		一六	二四	一二
屏一		一三	四八	一五
三		一○	二八	四六
廁一		一九	四八	二七
二		一八	○六	○五

黃道經度每年歲差五十二秒

宮	度	分	秒
申	一二	一一	二二
	一四	一五	四○
	一五	四八	四六
	一四	四五	四○
	一四	五四	○三
	一六	四六	○七
	一六	五八	五二
	一四	二二	五五○
	一一	○三	二六
	二○	二三	○七
	一八	四○	四五

甲申冬至宮	宮	度	分	秒
厕三	申	一三	二○	○○
四		一五	三四	四九
屎		一三	○九	○六

光緒甲申後四十年甲子星度

宮	度	分	秒	
申	一三	五四	四○	〆
	一六	○九	二九	
	一三	四三	四六	〆

井宿恒星

黄道經度

	宮		度		分		秒	緯
井宿一	未		三	四	一	五	○	南
二			五	一	二	○	○	南
三			七	二	九	五	八	南
四			九	三	六	三	三	南
五			八	二	○	一	七	北
六		一	○	二	一	一	九	南
七		一	三	二	三	一	一	南
八		一	七	一	○	四	四	南
鉞			一	五	○	一	三	
水府一				一	四	五	七	
二			一	一	七	四	一	

黄道經度每年歲差五十二秒

	宮		度		分		秒	
井宿一	未		四	一	六	三	○	
二			五	四	六	四	○	
三			八	○	四	三	八	
四		一	○	一	一	一	三	
五			八	五	四	五	七	
六		一	○	五	五	五	九	
七		一	三	五	七	五	一	
八		一	七	四	五	二	四	
鉞			二	二	四	五	三	
水府一				四	九	三	七	〆
二			一	五	二	二	一	

恒星氣朔原　卷五　黃道恒星

甲申冬至	宮	度	分	秒
水府三	未	二	○七	四九
四		一	一七	五四
天罇一		一七	一五	三五
二		一六	五五	一六
三		一二	三六	○○
五諸侯一		九	三一	一二
二		一三	五二	四四
三		一七	二一	五○
四		一九	四五	一四
五		二三	三九	五二
批河一		一七	二八	三五

光緒甲申後四十年甲子星度

	宮	度	分	秒	
水府三	未	二	四二	二九	✕
四		一	五二	三四	
天罇一		一七	五○	一五	○
二		一七	二九	五六	
三		一三	一○	四○	
五諸侯一		一○	○五	五二	○
二		一四	二七	二四	
三		一七	五六	三○	
四		二○	二○	五四	
五		二四	一四	三二	
批河一		一八	○三	一五	

井宿恆星黄道經度宮度分秒

黄道經度	宮	度	分	秒
北河二	未	一八	三九	○○
三		二一	三九	四九
積水		一五	一三	四二
積薪		二二	○三	五八
水位一		二○	四○	一一
二		二四	四○	○二
三		二九	○三	一四
四		二九	四五	○二
南河一		二○	○三	三八
二		二○	三五	二三
三		二四	一四	一一

黄道經度每年歲差五十二秒

黄道經度	宮	度	分	秒
北河二	未	一九	一三	四○
三		二二	一四	二九
積水		一五	四八	二二
積薪		二二	三八	三八
水位一		二一	一四	五一
二		二五	一四	四二
三		二九	三七	五四
四	午		一九	四二
南河一	未	二○	三八	一八
二		二一	一○	一三
三		二四	四八	五一

甲申冬至	宮	度	分	秒	緯
四瀆一	未	一三	○七	五二	南
二		一○	三三	二○	
三		六	五四	一三	
四		四	四○	二九	
闕邱一		一一	一一	三六	
二		一七	四七	四九	
軍市一		五	三六	三八	
二		一○	二五	三七	
三		一五	三八	四四	
四		一六	○九	二九	
五		一六	三四	一四	

光緒甲申後四十年甲子星度	宮	度	分	秒
四瀆一	未	一三	四二	三二
二		一一	○八	○○
三		七	二八	五三
四		五	一五	○九
闕邱一		一一	四六	一六
二		一八	二二	二九
軍市一		六	一一	一八
二		一一	○○	一七
三		一六	一三	二四
四		一六	四四	○九
五		一七	○八	五四

黃道經度	宮	度	分	秒	緯
軍市六	未	九	〇四	三四	南
野雞二		一〇	〇九	二一	
天狼		一二	三二	四一	
丈人一	申	二〇	三四	二四	
丈人二		一七	〇七	一七	
子一		二五	四六	一三	
子二		二四	四八	三六	
孫一		四	五二	三六	
孫二		一	二七	二九	
老人		一三	二九	三九	
弧矢一	未	二一	四七	一〇	

黃道經度每年歲差五十二秒

黃道	宮	度	分	秒
軍市六	未	九	三九	一四
野雞二		一〇	四四	〇一
天狼		一三	〇七	二一
丈人一	申	二一	〇九	〇四
丈人二		一七	四一	五七
子一		二六	二〇	五三
子二		二五	二三	一六
孫一		五	二七	一六
孫二		二	〇二	〇九
老人		一四	〇四	一九
弧矢一	未	二二	二一	五〇

黃道經度　弧矢

	宮	度	分	秒
二	未	二七	五五	五六
三	午	九	二○	一四
四		九	二二	三○
五		四	三○	五三
六		一	五三	三八
七	未	一九	○八	二六
八		一六	四九	一六
九		二八	四五	五九

緯

光緒甲申後四十年甲子星度

	宮	度	分	秒
二	未	二八	三○	三六
三	午	九	五四	五四
四		九	五七	一○
五		五	○五	三三
六		二	二八	一八
七	未	一九	四三	○六
八		一七	二三	五六
九		二九	二○	三九

鬼宿恒星

黃道經緯度	宮	度	分	秒	緯
鬼宿 一	午	四	○九	二四	南
二		三	五○	○九	北
三		五	五七	四○	北
四		七	○八	二○	北
積尸		五	三七	五○	
爟 一	未	二七	三九	二九	
二	午		三七	四八	
三			一四	一三	
四	未	二七	二○	○七	
外廚 一	午	八	三○	四九	南
二		一三	五七	四三	

黃道經度每年歲差五十二秒

	宮	度	分	秒
鬼宿 一	午	四	四四	○四
二		四	二四	四九
三		六	三二	二○
四		七	四三	○○
積尸		六	一二	三○
爟 一	未	二八	一四	○九
二	午		四八	五三
三		一	一一	四八
四	未	二七	五四	四七
外廚 一	午	九	○五	二九
二		一四	三二	二三

甲申冬至

星名	宮	度	分	秒	緯
外廚三	午	一四	一五	四八	南
四		一四	○九	五九	
五		一一	三○	五七	
六		九	二九	四四	
天記一	巳	九	三五	四一	
天狗一			三○	一四	
二		二	○七	五六	
三			三○	四○	
四	午	二五	一二	一八	
五		二四	五五	五五	
六		二三	五四	一七	

光緒甲申後四十年甲子星度

星名	宮	度	分	秒
外廚三	午	一四	五○	二八
四		一四	四四	三九
五		一二	○五	三七
六		一○	○四	二四
天記一	巳	一○	一○	二一
天狗一		一	○四	五四
二		二	四二	三六
三		一	○五	二○
四	午	二五	四六	五八
五		二五	三○	三五
六		二四	二八	五七

黃道經度	宮	度	分	秒	緯
天狗七	午	二五	一四	二九	南
天社一		二五	四七	五七	
二	巳	四	五九	二八	
三		一七	二〇	一六	
四		二〇	五六	四五	
五		二七	一七	一三	
六	辰	二	三七	三九	

黃道經度每年歲差五十二秒

	宮	度	分	秒	
	午	二五	四九	〇九	メ
		二六	二三	三七	
	巳	五	三四	〇八	
		一七	五四	五六	
		二一	三一	二五	
		二七	五一	五三	
	辰	三	一二	一九	

甲申冬至	宮	度	分	秒	緯
柳宿一	午	八	四三	四三	南
二		九	三七	五四	
三		一○	四三	五二	
四		一一	一九	四四	
五		一○	四六	三二	
六		一二	五九	五八	
七		一五	四八	四五	
八		一八	四一	四四	
酒旗一		二一	五四	四四	北
二		二○	○四	二四	南
三		一九	五七	三七	

光緒甲申後四十年甲子星度

	宮	度	分	秒
柳宿一	午	一九	一八	二三
二		一○	一二	三四
三		一一	一八	三二
四		一一	五四	二四
五		一一	二一	二二
六		一三	三四	三八
七		一六	二三	二五
八		一九	一六	二四
酒旗一		二二	二九	二四
二		二○	三九	○四
三		二○	三二	一七

星宿恒星

黃道經度	宮	度		分		秒		緯
星宿一	午	二	五	四	二	三	九	南
二		二	四	○	○	二	二	
三		二	四	一	○	二	一	
四		二	六	○	三	五	九	
五		二	四	一	四	三	六	
六		二	五	五	八	四	七	
七		二	七	○	○	四	三	
天相一	巳		六	○	四	○	四	
二			五	五	九	四	七	
三			七	四	七	四	一	
軒轅一	午		三	四	三	○	二	

黃道經度每年歲差五十二秒

	宮	度		分		秒		
星宿一	午	二	六	一	七	一	九	
二		二	四	三	五	○	二	
三		二	四	四	五	○	一	
四		二	六	三	八	三	九	
五		二	四	四	九	一	六	
六		二	六	三	三	二	七	
七		二	七	三	五	二	三	
天相一	巳		六	三	八	四	四	○
二			六	三	四	二	七	
三			八	二	二	二	一	
軒轅一	午		四	一	七	四	二	○

甲申冬至宮

軒轅

星	度	分	秒
二	五	五五	五五
三	八	五七	五〇
四	一〇	一五	五〇
五	一四	五三	四〇
六	一六	二七	一二
七	一三	四二	〇八
八	一六	一六	五三
九	一九	〇六	五六
十	一九	五一	〇六
十一	二五	五八	二一
十二	二七	五九	四五

光緒甲申後四十年甲子星度

星	宮度	分	秒
二	六	三〇	三五
三	九	三二	三〇
四	一〇	五〇	三〇
五	一五	二八	二〇
六	一七	〇一	五二
七	一四	一六	四八
八	一六	五一	三三
九	一九	四一	三六
十	二〇	二五	四六
十一	二六	三三	〇一
十二	二八	三四	二五

昴宿恒星

黄道經度	宫	度	分	秒
軒轅十三		二六	一九	○四
十四		二八	一六	○○
十五		二二	四○	四八
十六		四	四八	三○
御女		二八	五○	一六
内平一		二三	三一	三六
二		一九	二四	一○
三		一四	二九	○七
四		一八	一八	二二

黄道經度每年歲差五十二秒

	宫	度	分	秒	
軒轅十三		二六	五三	四四	
十四		二八	五○	四○	
十五		二三	一五	二八	
十六		五	二三	一○	
御女		二九	二四	五六	○
内平一		二三	○六	一六	○
二		一九	五八	五○	
三		一五	○三	四七	
四		一八	五三	○二	

甲申冬至宮

張宿

星	宮	度	分	秒	緯
一	巳	四	○八	一三	南
二		七	四八	五○	
三		一三	二九	三○	
四		八	五七	四七	
五		一	○四	二三	
六		一六	三○	三六	

光緒甲申後四十年甲子星度

星	宮	度	分	秒
一		四	四二	五三
二		八	二三	三○
三		一四	○四	一○
四		九	三二	二七
五		一	三九	○三
六		一七	○五	一六

翼宿恒星

黄道經度宮

翼宿

	宮	度	分	秒	緯	宮	度	分	秒
一	巳	二二	一一	二三	南	巳	二二	四六	○三
二		二七	四○	五六			二八	一五	三六
三	辰	二	三○	三○		辰	三	○五	一○
四	巳	二七	五一	二三		巳	二八	二六	○三
五		一八	四八	一九			一九	二二	五九
六	辰	四	三二	二四		辰	五	○七	○四
七	巳	二五	○八	三○		巳	二五	四三	一○
八		二八	五三	三二			二九	二八	一二
九		二五	五四	○○			二六	二八	四○
十		二四	四○	三九			二五	一五	一九
二		二一	二九	一一			二二	○三	五一

黄道經度每年歲差五十二秒

甲申冬至宮度分秒

翼宿	宮	度	分	秒
十二	巳	一九	○八	四八
十三		二七	○一	○五
十四	辰		○三	四七
十五	巳	二九	二九	五四
十六		二七	○○	一五
十七	辰		二八	五五
十八		一	三九	四八
十九			二○	四七
二十	巳	二七	四六	二○
廿一	辰	五	○一	三四
廿二		六	四○	五八

光緒甲申後四十年甲子星度

	宮	度	分	秒
十二	巳	一九	四二	二八
十三		二七	三五	四五
十四	辰		三八	二七
十五	巳		四	三四
十六		二七	三四	五五
十七	辰	一	○三	三五
十八		二	一四	二八
十九			五五	二七
二十	巳	二八	二一	○○
廿一	辰	五	三六	一四
廿二		七	一五	三八

軫宿恒星黄道經緯度

	宮	度	分	秒	緯
軫宿 一	辰	九	一○	三八	南
二		一○	○六	三八	
三		一一	五三	五三	
四		一五	四八	○五	
右轄	辰	一○	四○	一五	
左轄		一二	一五	四七	
長沙		一二	一四	三八	
青邱 一		一一	四九	二七	
二		九	三七	四三	
三		四	五一	三六	
四		五	五六	○五	

黄道經度每年歲差五十二秒

	宮	度	分	秒	
軫宿 一	辰	九	四五	一八	
二		一○	四一	一八	
三		一二	三八	三三	
四		一六	二二	四五	
右轄	辰	一二	一四	五五	○
左轄		一二	五○	二七	○
長沙		一二	四九	一八	
青邱 一		一二	二四	○七	
二		一○	一二	二三	
三		五	二六	一六	
四		六	三○	四五	

甲申冬至宫	五（青邱）	六	七
宫	辰		
度	六二	七一	九三
分	二二	九三	二○
秒	七	一	六

光緒甲申後四十年甲子星度

宫			
	辰		
度	六五	七五	一○○
分	七○	四一	六四
秒	七	一	六

近南極恆星黃道經度宮度分秒

星名	號	宮	度	分	秒
海山	一	辰	一六	一四	○六
	二		二○	三一	一六
	三		二一	四六	○五
	四		二九	五二	四九
	五	卯	二	五三	三四
	六		九	二○	四八
十字架	一		五	一○	二八
	二		一○	一九	一三
	三		一○	○五	二一
	四		四	○八	○六
馬尾	一	辰	二九	四六	二六

黃道經度每年歲差五十二秒

星名	號	宮	度	分	秒
海山	一	辰	一六	四八	四六
	二		二一	○五	五六
	三		二二	二○	四五
	四	卯		二七	二九
	五	卯	三	二八	一四
	六		九	五五	二八
十字架	一		五	四五	○八
	二		一○	五三	五三
	三		一○	四○	○一
	四		四	四二	四六
馬尾	一			二一	○六

甲申冬至		宮	度	分	秒
馬尾	二	辰	二七	四九	四三
	三		二五	五五	一三
馬腹	一	卯	二二	一三	○七
	二		一二	二五	一五
	三		一○	一二	○七
蜜蜂	一		一八	三四	三一
	二		二四	三六	○五
	三		一八	五○	一九
	四		二二	二八	○八
三角形	一	寅	七	四八	五三
	二		一○	一八	一六

光緒甲申後四十年甲子星度

		宮	度	分	秒
馬尾	二	辰	二八	二四	二三
	三		二六	二九	五三
馬腹	一	卯	二二	四七	四七
	二		一二	五九	五五
	三		一○	四六	四七
蜜蜂	一		一九	○九	一一
	二		二五	一○	四五
	三		一九	二四	五九
	四		二三	○二	四八
三角形	一	寅	八	二三	三三
	二		一○	五二	五六

黃道經度	宮	度	分	秒
三角形三	寅	一九	一五	三九
畢雀一		二三	二〇	二八
二		二三	三八	三九
三		二一	一五	五三
四		二〇	五七	二二
五		一六	三二	一四
六		一九	四四	五二
七		一三	〇二	一九
八		一二	四〇	二五
九		一二	〇七	一六
孔雀一		二六	二一	三四

黃道經度每年歲差五十二秒

	宮	度	分	秒
	寅	一九	五〇	一九
		二三	五五	〇八
		二四	一三	一九
		二一	五〇	三三
		二一	三二	〇二
		一七	〇六	五四
		一〇	一九	三二
		一三	三六	五九
		一三	一五	〇五
		一二	四一	五六
		二六	五六	一四

甲申冬至

星	宮	度	分	秒
孔雀二	寅	二九	三六	四四
三	丑	三	○五	二四
四		六	一○	一二
五		六	○八	一四
六		一五	五七	一八
七		二○	五七	二八
八		三	三七	○一
九		一一	五七	五七
十		二六	五七	一一
十一		二二	一五	五三
波斯一		一七	三七	四○

光緒甲申後四十年甲子星度

星	宮	度	分	秒
孔雀二	丑		一一	二四
三		三	四○	○四
四		六	四四	五二
五		六	四二	五四
六		一六	三一	五八
七		二一	三二	○八
八		四	一一	四一
九		一二	三二	三七
十		二七	三一	五一
十一		二二	五○	三三
波斯一		一八	一二	二○

黃道經度

星	宮	度	分	秒
波斯 二	丑	二七	一八	四○
三	子	一	三七	四○
四		三	五二	一○
五		七	○八	一○
六		九	○七	一○
七		八	二四	一○
八	丑	二七	三六	四○
九		二六	二六	一○
十		二六	五八	一○
十一		二七	三八	四○
蛇尾 一		二九	○五	三八

黃道經度每年歲差五十二秒

星	宮	度	分	秒
二	丑	二七	五三	二○
三	子	二	一二	二○
四		四	二六	五○
五		七	四二	五○
六		九	四一	五○
七		八	五八	五○
八	丑	二八	一一	二○
九		二七	○○	五○
十		二七	三二	五○
十一		二八	一三	二○
一		二九	四○	一八

星名	等	甲申冬至宮	度	分	秒	光緒甲申後四十年甲子星度宮	度	分	秒
蛇尾	二	丑	二一	五四	四〇	丑	二二	二九	二〇
	三		一八	一七	一〇		一八	五一	五〇
	四		一六	二六	四〇		一七	〇一	二〇
蛇腹	一	亥	三	〇四	四四	亥	三	三九	二四
	二			一七	〇〇			五一	四〇
	三	子	二七	三一	〇三	子	二八	〇五	四三
	四		二七	二〇	二六		二七	五五	〇六
蛇首	一	亥	一〇	一八	二四	亥	一〇	五三	〇四
	二		一九	四六	四六		二〇	二一	二六
鳥喙	一	子	七	五二	四五	子	八	二七	二五
	二		五	三一	二四		六	〇六	〇四

黄道經度		宫	度	分	秒
鳥喙	三	子	二○	○六	○七
	四		二四	五八	二二
	五		二二	二九	○九
	六		二○	二二	三五
	七		一七	○五	○五
鶴	一		一四	一八	二九
	二		二○	三七	二八
	三		一九	○三	四八
	四		一七	○八	二一
	五		一八	四八	四五
	六		二○	一七	五七

黄道經度每年歲差五十二秒

		宫	度	分	秒
鳥喙	三	子	二○	四○	四七
	四		二五	三三	○二
	五		二三	○三	四九
	六		二○	五七	一五
	七		一七	三九	四五
鶴	一		一四	五三	○九
	二		二一	一二	○八
	三		一九	三八	二八
	四		一七	四三	○一
	五		一九	二三	二五
	六		二○	五二	三七

甲申冬至

	宮	度		分		秒	
鶴 七	子	二	六	五	三	三	一
八		二	七	一	二	二	三
九		二	三	一	五	○	三
十		二	一	○	六	二	一
十一		一	九	五	五	○	七
十二		一	八	二	一	五	四
火鳥 一	亥		五	三	九	三	○
二			三	一	九	二	五
三			一	五	九	四	○
四			八	○	○	○	○
五		一	二	五	三	一	六

光緒甲申後四十年甲子星度

	宮	度		分		秒	
鶴 七	子	二	七	二	八	一	一
八		二	七	四	七	○	三
九		二	二	四	九	四	三
十		二	一	四	一	○	一
十一		二	○	二	九	四	七
十二		一	八	五	六	三	四
火鳥 一	亥		六	一	四	一	○
二			三	五	四	○	五
三			二	三	四	二	○
四			八	三	四	四	○
五		一	三	二	七	五	六

黃道經度	宮	度	分	秒
火鳥六	亥	一三	五○	二二
七		一四	○九	○四
八		九	五六	一三
九		一八	三七	一八
十		二六	二八	○七
水委一		一三	三三	三六
二		一○	四二	二八
三		三	三七	五○
附白一	子	八	四八	三八
二		八	三七	一二
夾白一	亥	一五	二四	四七

黃道經度每年歲差五十二秒

	宮	度	分	秒
	亥	一四	二五	○二
		一四	四三	四四
		一○	三○	五三
		一九	一一	五八
		二七	○二	四七
		一四	○八	一六
		一一	一七	○八
		四	一二	三○
	子	九	二三	一八
		九	一一	五二
	亥	一五	五九	二七

甲申冬至

星	宮	度	分	秒	緯
夾白二	戌	五	五一	二五	南
金魚一	酉	四	五八	一八	
二		六	一九	二一	
三		二○	四四	五九	
四	戌	二五	○二	五七	
五	寅	九	四九	一七	
海石一	巳	二一	三四	三六	
二	辰	三	四五	五二	
三		七	○八	二六	
四		一五	二七	四○	
五		二一	一七	一一	

光緒甲申後四十年甲子星度

星	宮	度	分	秒
夾白二	戌	六	二六	○五
金魚一	酉	五	三二	五八○
二		六	五四	○一
三		二一	一九	三九
四	戌	二五	三七	三七
五	寅	一○	二三	五七
海石一	巳	二二	○九	一六
二	辰	四	二○	三二
三		七	四三	○六
四		一六	○二	二○
五		二一	五一	五一

理氣明原 卷五 黃道恒星 三

黃道經緯度

星	宮	度	分	秒	緯
飛魚一	辰	一九	○○	○四	南
二	卯	八	一四	二九	
三	辰	一三	三三	三五	
四	卯	五	四五	○一	
五	辰	一七	五一	一八	
六	卯	一四	○五	二八	
南船一	辰	一八	二七	三八	
二		二一	二五	三四	
三		二七	三二	二○	
四	卯	五	四六	○五	
五			二二	一六	

黃道經度每年歲差五十二秒

星	宮	度	分	秒
飛魚一	辰	一九	三四	四四
二	卯	八	四九	○九
三	辰	一四	○八	一五
四	卯	六	一九	四一
五	辰	一八	二五	五八
六	卯	一四	四○	○八
南船一	辰	一九	○二	一八
二		二二	○○	一四
三		二八	○七	○○
四	卯	六	二○	四五
五			五六	五六

甲申冬至宮度分秒緯

小斗

	宮	度	分	秒	緯
一	寅	三	四五	二三	南
二			四○	二七	
三	卯	二八	四四	○六	
四	寅	三	五七	三四	
五		五	五三	三九	
六		五	四七	三九	
七		三	五二	四○	
八	卯	二九	一八	四三	
九	寅	二	三○	三二	

光緒甲申後四十年甲子星度

	宮	度	分	秒
一	寅	四	二○	○三
二		一	一五	○七
三	卯	二九	一九	○六
四	寅	四	三二	一四
五		六	二八	一九
六		六	二二	一九
七		四	二七	二○
八	卯	二九	五三	二三
九	寅	三	○五	一二

黃道經度宮	度	分	秒

黃道經度每年歲差五十二秒

黃宮	度	分	秒

利用合璧譜略序

協紀辨方曰選擇之道有體有用龍山方向之定者體也年月日時之無定者用也補龍扶山制山助吉以無定而合有定者用之體也再精飛宮合局相主以無定而合無定者用之用也況謂之向之道亦謂之體有用也龍與穴是一定之體也坐與向是無定者用

也選坐向以合龍穴以為空而合　此空在用之体也選坐向以合天星穴以為空而合者空在六用之體也選坐向以合砂水穴以為空而合者空者六用之體也選坐向以合卦爻星以為空而合為空在用之用也然以為空之年月日時以配合坐向龍穴不得用之體用之用也錯綜參伍構義入神屋是利己利人之用協同利用合辭

謹將先哲古課配合龍山生向以爲之譜曰

云

造葬選擇之法有三曰補龍曰扶山曰相主

三者協紀辨論甚詳已無剩義即崇正闢

謬與選擇求真亦不過述協紀之言僞參

末議而已尚何待復爲之贅述乎但立向

一法雖舊有論及而未盡成　茲篇節取其

古課之大旨象以立向之議仍與改原之精義無遺切勿泥為亘規不移之蔓經使讀者式復於書對耳

光緒癸未南海茝馨陳驄沅序

理氣溯源卷六上目録　利用合璧譜畧

理氣溯源卷之六 利用合璧譜畧

附錄協紀辨方義例總論

舉事無細大必擇其日辰義歟曰敬天也記曰易抱龜南面天子卷冕北面雖有明智之心必進斷其知焉示不敢以尊天也夫古之君子居則觀其象而玩其辭一事之至其合於何卦何爻應有何變何應早已謀諸乃心而灼然況又謀及卿士大夫至於庶民夫亦何患其不審乃又必動則觀其變而玩其占耶凡以血氣心知之性必合諸虛靈不昧之天而後天

下之理得使足己而不問則未事而先失也選擇之義亦猶夫是天地神祇之所向則順之所忌則避之旣奉若於宮廷以彰昭事之忱又申布於閭左以協休嘉之氣凡以敬天云爾如曰若是則福不若是則禍則術士之曲說而非其本原也王充論衡闢之不遺餘力則又儒士拘迂而未見大義善夫荀悅申鑒曰或問時羣忌曰此天地之數也非吉凶所從生也夫知其爲天地之數則固修身者所當順也知其非吉凶所從生則一切拘牽謬悠之說具廢而所爲順

之避之者亦必有道矣

案協紀選擇之旨謂敬天之紀敬地之方吉者順之忌者避之沉謂立向諸說當從選擇相為表裏只有順之避之謹之慎之以安葬先靈亦可謂之敬祖宗當如敬天敬地之忠可也

附錄選擇求眞妙用歌

大凡剋擇之法須明制化之功山家以乘時為吉格局要純粹為隆命貴祿馬宜得地歲貴祿馬喜臨宮

吉神生旺定沾福澤惡曜休囚反獲亨通三奇三德遇空亡而福減太陽太陰值山方而禍消鳳凰麒麟敢云吉宿橫天受死勿嗔凶梟日艮值債不門光安門可理命旺遇空亡四廢壽域宜調馬前炙退補得法而福集天地官符逢祿馬而富饒開日巳亥與重復喪葬避而吉葬遇羅天圖例分順逆進何日而退何宵至于歸忌與今火嫁娶無干郎如往亡惟出行移徙當避天火只忌苫蓋上梁何妨咨日無關重輕安葬咸利月窮月忌任用舉為四絕四離因事酌施

天賊地賊。無妨入宅分飧。長星短星。只忌交易市肆。他如火星要水輪一白。哭殺宜天喜母倉。小兒九良月宿太陰化吉。浮天五鬼三奇六德呈祥。刃殺只忌兩全。孤而獨行者免禍。陰府須辨死活。衰而不化者無傷。巡山羅喉二曜臨吉。金神七殺九紫詣艮。白虎非凶。麟符可制。朱雀無理。哲士勿慌。吉宿妙乎旺相。凶星切莫羣行。神殺多門。各按五行以制化。山方殊位。毋執一事以推詳。即如豎造要避開山惡殺。修理當究方道凶神。宅位爲住生所居。氣脉合以扶補。向首係出入之要。神殺貴明遠親。方位五行妙用。因時訪察。飛弔吉凶宜忌。隨事推陳。事類兌擇至多端。條欵不容悉述。主命休咎有別義。僞例刪去弗圖。六吉六相。例甲之年月過執。六凶六替。王運之死生太迂。五姓修造。荒唐可厭。九龍入宅。僞謬宜驅。歲官交承。愚夫恃爲秘訣。玄女偷修。俗術執作良謨。蘭窓子。久辨命龍方土之誕。松隱仙。深剝例家訛殺之誣。要之造福神機。訣在扶補山方旺相。要別化殺玄妙。理求歲命祿貴值前。造命爲體。斗首諸家擯斥。吉星爲用差方祿馬棄捐。熟讀千金之歌。變化神矣。細攷疑龍之訣。眞僞瞭然。欲爲世人以作福。勿效庸術之拘牽。

立向諸畧歌

天機豈可妄語只憑理數而推試觀日月盈虧都由數測要明生死先識陰陽欲知貴賤吉凶參透五行生尅天星地曜理實同途地運天時數同推算有地無天者不生有天無地者不發天地化合腐草尚可成螢天地不和山石亦爲崩瀉是故得地仍須得運好穴更宜好砂上等吉峯或有子孫息微都爲該方運失平常結穴何以見貴興旺皆因氣候得宜穴被刑傷終防禍作龍神扶補後必榮華絕地皆因煞重

貴地必有秀峰。勿貪局而棄龍。勿因砂而棄穴。勿貪腦而失向。勿貪案而失砂。水法宜聚不宜旺。旺則行運非佳。陽宅論水，陰宅論砂，面前水得運，必尅坐家，名爲煞水，故曰非佳。砂法以得位爲當權。位合運時必應。有案而無吉峯弔合。有案如無。有堂而無砂手關欄。有堂何用。穴情陰翳。宜立陽碎穴結高陽。砌圈宜密。水口傾瀉。并合大運年神。災來不測。砂峰凸兀。更値飛宮惡曜。禍至難當。定穴豈能免强。立向更要自然。陰陽相乖。方爲混雜陰陽配合。勿斷凶差。雖三合可補龍。勿犯刑冲破害。遵八宫以立向勿泥巨武貪狼。三合盡取其生扶。龍雄反速敗絶。八宫若嵩遵三吉。轉運豈合飛宫。丙位值貪狼下元運入午初。可卜早年科甲。丁卯火龍入首，以震爲貪狼，戊午分金屬火補龍。下元九紫離得運。午宫二度值文昌，故午初即發。巽宫得生氣中元運逢己巳。決其壯歲成名。巽宫以坎爲生氣，中元四綠當運。己巳亦屬木，向亥納木局。巳宫十三度半，值北斗天樞司其權，從天卦得中孚，故決其壯歲成名。戊午龍向丙寅，得艮峰發後恐絶。戊午離龍屬火，而艮爲廉貞，而又用寅午戌火局，得先天噬嗑，後天賁卦。天星寅宫十八十九，俱值天江，故一發如雷，一敗如灰也。庚辰穴居丑未遇戌水不利初年。庚辰金龍遇四庫之局，爲土厚埋金，況天星宫度凶多吉少，如天弁積水積尸。

蛇尾等凶星之類。若用丁丑丁未分金。先後天卦。尚有泰復可用也。祿馬同宮。破格反生市子。亥巳壬丙寅申甲庚皆爲祿馬同宮。看來龍屬何五行。方能兼度。若立洩局。反生市肆之子耳。貴人對座。失度只産豚兒。甲龍入脉。立丑未或未丑向。皆作貴人對座。然必要納木局上吉。水局次之。坤龍立癸向。喜其天地同流。坤納乙癸。又坎納癸。取其先後天同氣。更兼辛丑丁丑分金屬土。補龍未壯陰德。丑壯右旗。坐向均合。庚向遇乾龍。更幸坐向雙美。乾納甲。又以兌爲貪狼。庚兼酉二度。分金屬土補龍。坐家得驚蟄之氣。現甲申二十年。驚蟄節。帝星恰到酉宮二十八度四十五分。若擇吉以應之。當爲上吉。故曰坐向雙美。亥位本屬天皇。非用申宮不應卦。雖起于先天。非合後天不靈。亥宮赤度屬天皇大帝。故名曰天皇龍。而黃度又屬申宮十九度。故必要黃赤全用而後應也。飾如卦爻先天爲體後天爲用。必要先後天同用。方始靈耳。向丁癸而辛。雖值帝星何用。要趨選擇移宮之法。丁癸向兼未丑。用辛未辛丑。分金。小寒。小暑。值帝星到向到坐。線度又值先天乾坤爻後。天大有比卦。爲正破軍。并老陰陽不變。故要立己未己丑。或丁未丁丑。并擇吉移至帝星合向之線爲吉。坐辰戌而用甲。取其卦爻配合更遵九星值吉之宜。坐辰戌用甲辰甲戌分金者取其納音屬火生向生坐又甲己化土。若丑未龍入首則爲四庫局。而卦爻值臨遯爲武曲。不過舉其一隅。以爲三隅之譜。切勿泥將一運作爲千載不移。況要弔合峯巒。而後參夫水法。論陽宅必要先定水法。復再計及峯巒。只因陽宅以水定龍。陰宅以砂定穴。

是以陽宅既明水法、再論行門。陰宅既合吉峯。仍參堂局。所謂納局必須納氣。得地更要得天。五行生尅是一定之規模。氣運轉移。乃隨時之變局。細研斯理運用無窮。膠執成規。貽累非淺矣。

立向舉隅論

理氣之書。用以立向者。其用已過半矣。謂立向之法。用以補龍補穴者耳。查羣書多遵此說。又謂補龍補穴。用三合補之有力。但俱無詳解。如何用之。三合方的。因凡坐家。必與向首相冲相尅者。倘不發明。是由欲其入而閉之門耳。故予歷將考原之理。舉其一隅。爲之榜樣。使觀是書者。先知予用意之原。而後知所立利用之譜。非强爲杜撰者也。假如有甲卯巽三方之龍入脉。則三方之龍。是木龍入脉也。再觀其砂水。

可作坐丙向壬。則宜兼巳亥。以其亥水能生來龍。亥馬又爲本穴兼家貴人。況納甲則離納壬。坐向成旣濟之美。故不嫌其坐與向相冲相尅也。兼度宜用丙午丙子分金。以其比旺故也。其次用戊子戊午。亦與穴比旺也。再查本年吉星值某度。擇日則本年月日時刻。帝星或臨坐臨向。或太陽太陰臨坐臨向。如此方爲四法俱備。是爲印綬相生格。甲龍入脉爲上上。以甲木長生在亥之故。乙巽龍次之。以其死于亥故也。雖曰陰死陽生。究不如順生之爲妙也。假如震入脉亦可立此坐向。洪範五行震統甲乙亦屬木。又納亥。故震龍亦合用。其餘寅龍入脉。又能用之因寅亥合木。離亦納寅。其次如丁龍入脉。取其丁壬化木。仍能與坐穴相扶。分金單用戊子戊午耳。餘不能用也。其餘水火金土四龍。皆非正用。倘水龍入脉。一白當運。坐穴作天財格亦吉。倘龍雄帶煞。用戊子戊午分金。爲正官格亦吉。總要其砂水峯巒俱合吉方。便能變化無窮之妙。豈單用丙丁庚辛。爲無龜甲差錯等之板局者哉。故古人之立法。難盡其奧妙。是以全局

之表。未立成規耳。倘亥龍入首。作回龍顧祖。切不可
作丙壬午子向。吉龍變作煞局。卽作丙壬巳亥。亦非
吉局也。如或水法不合。則用巳亥兼丙壬。其法畧同。
唯分金則宜兼壬子壬午矣。照此向論水法出口。倘
左水倒右。宜在丑艮甲乙方。倘右水倒左。宜在酉辛
戌方。論入口左水倒右。宜在申坤庚方。如右水倒左。
宜在巽癸方。俱爲上吉。不過取來水生旺。去水衰敗
之方耳。如峯巒與來去水有相合之處。又一變局矣。
不過取其大畧耳。砂手先要取其朝護。下砂長于上

砂。愈多愈吉。不可順直便爲妙論。峯巒加下手在右。喜巽位與卯甲寅等方高聳。皆大吉也。下手在左。喜庚位與兑亥方亦大吉。不過取其三吉六秀之方云耳。大約立向之法。俱皆倣此。至兼度多少。必要選擇吉星。與度數相合。方爲的當。

水法要論

論水法之要已於水法考詳言之矣然只有論而未斷也姑謬議以折其中而用之凡水法之理例皆取其來是生旺去是休囚之要然未定論從何處起推遂使議論紛紛茫無定據耳茲總考水法之圖俱喜其水聚明堂是則起水法之訣必由向首起無疑義矣但其來水之方取其生旺並與本宫有化合之義此爲至要去水只取休囚便合若得其洩煞之氣爲上或于化合之理未全此亦可用豈可將各訣强爲

牽用。是弄巧反拙耳。近或有將各訣之利害。惑世欺人者。間亦有之。如用黃泉者是也。而不知黃泉之訣。亦取其官祿水入口。沐浴水出口爲吉。官祿水出口。沐浴水入口爲凶耳。世人一聞黃泉二字。遂爲術士所愚。更有以辰戌丑未爲四大水口。作爲萬古不易之訣。蓋因讀書誤解。誤用之過。先哲有曰。乙丙交而趨戌。辛壬會而聚辰。斗牛納丁庚之氣。金羊收甲癸之靈。此四句不過駁或人之闢辰戌丑未不能立向。遂引左右陰陽長生之水。而聚于戌庫。是吉向也。以訂闢者之非何常言及水口而用者既于左右水不能通其理强解以旺局衰局皆可立向更有十二地支四維之位不明其生旺之理謬立借庫之術水法之悞莫此爲甚有曰尅出尅入爲進神之訣是論其去水之方也尅入者謂嫌其與本宮相尅放水以消其煞耳尅出者是謂之納財局我尅者爲財故放水亦吉有曰本宮所納者吉又曰同卦氣者吉此論來水而言也若論去水則盡屬先後天相破矣豈不是又自相矛盾乎業斯術者何不考其原而强解强用

者哉。門路太多。實難盡發其理。可於考原卷查之。自能一目了然矣。

喜忌制化篇

羅經理氣之源。已於卷二卷三。考原便覽。詳述考訂。惟選擇之道。亦與羅經之道。相為表裏。故又不得不撮其選擇之要。而附錄於利用之部首。蓋選擇吉凶神煞之例。凡二百九十有一条目。協紀辨方。已詳申其理于義例集中。似覆述之。亦屬無謂。況崇正闢謬與選擇求眞。亦會覆述。又何容再述乎。然非博言其理。則用之者奚能去取。故撮而畧解之。節錄其吉凶之要。俾易選用。雖未盡知其所以然。亦得知其所當然。使知其所忌。方能知其所喜也。茲因立向譜畧。引用古課。恐閱者不明斯意。遂發明其所喜所忌之要云。

此章論地理陰陽二宅。吉凶神煞之要。至如選擇之用太多。斷難盡附於此。然選擇自有選擇之書。亦無容贅錄。一則免亂閱者之心目。一則歸於簡便耳。

天道天德

乾坤寶典曰。天道者。天之元陽。順理之方也。其地宜興舉衆務。向之上吉。又曰天德者。天之福德也。所理之方。所值之日。可以興土功。營宮室。考原曰。天德者。三合之氣也。又曰。按天道者。天德所在之方也。協紀曰。按天道卽天德。專言其方。則曰天道。兼日干與方言之。則曰天德。其實一也。按選擇之最吉神曰天德。如在年月日時。能制一切諸凶神。所臨之方。凡立向修方用之最吉。如太歲所值之方。或坐之。或修之。俱能獲福。更喜修主之命值之。如陰宅則化命值之最吉。仍以得令更爲有力。

歲德

按歲德。甲丙戊庚壬五陽干。即以甲丙戊庚壬爲德五陰干。乙丁己辛癸。以所合之干爲德。如乙與庚合。則以庚爲德也。會門經曰。歲德者。歲中德神也。十干之中。五陽五陰。陽者君道也。陰者臣道也。君德自處臣德從君。所理之地。萬福咸集。衆殃自避。應有修營。並獲福祐。故曰太歲叠吉神。宜坐宜修云。

月德

曹震圭曰。月德者。月中之陽德也。故幹爲尊。枝爲卑。是臣求君德也。以三合五行陽干爲德。假令寅午戌三合爲火。以丙爲德。是各求自旺之幹爲應助也。餘倣此。按月德吉神。亦能制煞。月支所遇之干。是得令之位。故制煞有力。或曰支所遇之干。亦曰日德。時支所遇之干。亦曰時德。凡修方選擇逢之亦吉。然不及月德之有力也。太歲所值月德之位。尤能獲福云。按時德有二。春午夏辰。秋子冬寅。是四序所生德神也。故曰時德。

天德合月德合歲德合歲幹合

按天月歲德。是十天干化合之位。協紀俱云。所理之方。能除災咎。衆惡皆消。所值之日。百福並集。宜修營起土安葬建祠。謂其功與歲德同也。按天月歲三德合。俱在甲丙庚壬四位。而無戊癸。蓋戊在巳。則爲金母。癸在丑爲金墓。酉爲金之正位。庚辛所不臨合之。卽巳酉丑金局也。夫金者刑也。德之反也。巳酉丑謂之三煞。又謂之破碎。又謂之紅沙。德合之外。戊癸之方。恰存金局。陰陽之自然而然者。其妙如此。故必考原。然後知其理之精奧也。按歲幹合者。其理亦畧同耳。

歲支德

神樞經曰。歲枝德者。歲中德神也。主救危而濟弱。所理之方。利以興造舉動衆務。協紀曰。歲枝德者。謂甲既在子。則巳上必己。巳甲之合也。其所合之神所居之枝。則亦必吉矣。地必從天。枝必從幹。幹既吉。枝必無凶。其義然也。其辰又爲死符。又爲小耗。歷家既重死符小耗。則不用此条。然美惡不嫌同位。吉凶不嫌同名。死符所忌營塚等。小耗所忌交易等耳。卽如同一興造。如營宮室。則論小耗。如治橋梁。是損己財以利衆。論之小耗。而實有利衆之德。非大吉歟。故必要知其本。始能用也。

歲祿飛天祿馬

通書曰。馬到山頭人富貴。祿到山頭旺子孫。若逢祿馬一同到。千祥百福自駢臻。宗鏡曰。祿馬貴人山方皆吉。在本遁內者有力。遁外次之。又曰。先以五虎遁尋本年祿馬干支爲眞祿馬。次以月建入中宮。尋本年眞祿馬入何宮。卽以吉論。按祿馬貴人義例歲干臨官之位。爲天祿。所逢之馹馬爲天馬。凡臨官之位又逢馹馬爲祿馬。立向修方能主財貴若疊吉神多。制煞更爲有力。然山向只寅申巳亥四位有馬可催其餘用年月日時飛遁九宮之法。看其祿馬到何宮。亦能獲福。又用主命及化命。遁得眞祿馬到山到向。亦妙。或謂選用四柱之課。不可有寅申二字全。或巳亥二字全。名曰二馬交馳。必有一傷云。伊等不明其理。只以二馬交馳之字。令用者生畏。獨不思坐寅向

申巳巽金木相尅豈可復加多申字以冲本坐山乎
假如坐甲向庚兼寅申正喜其冲動本宮之祿馬貴
人發福始快所以有忌有喜豈可用以板局耶巳亥
倣此

玉堂天乙飛宮貴人 附陰陽貴人

蠡海集曰天乙貴人當有陽貴陰貴之分蓋陽貴起
於子而順陰貴起於申而逆此神寶得陰陽配合之
和故能爲吉慶可解凶危也宗鏡曰貴人與祿馬取
用不同陽貴冬至後得力飛在陽宮尤得力陰貴夏

至後得力。飛在陰宮尤得力云。曹震圭曰。天乙者紫微垣左樞傍之一星。萬神之主掌也。一曰二者。陰陽分治內外之義也。通書云。郭景純以十干貴人爲吉神之首。至靜而能制羣動。至尊而能鎮飛浮。以其爲坤黃中通理。乃貴人之德。是以陽貴出於先天之坤而順。陰貴出於後天之坤而逆。天干之德。未足爲貴。而干德之合氣。乃爲貴也。通書曰。先天坤卦在正北。陽貴起之。故從子起甲。甲德在子。氣合於巳。故巳以子爲陽貴。以次順行。乙德在丑。氣合在庚之類。辰爲天羅貴人不居故戊跨在巳氣合於癸午與先天坤位相對名曰天空貴人有獨無對故陽貴不入於午巳德在未氣合於甲庚德在申氣合於乙之類子坤位貴人不再居故癸跨在丑氣合於戊是爲陽貴至陰貴起例其解畧同考原曰曹氏與通書各有意義協紀則謂按貴人云者干德合方之神也何以不用德而用其合干德體也合則其用也合干之德其所用必大吉矣又曰陰貴陽貴或以卯酉爲限考其義自當以日出日入爲定云按玉堂天乙貴人不拘卜

坤龍坤山艮向兼申寅。己未戊寅二分金屬。火土一度爲先天。巽震卦爲輔弼後天。升頤卦爲巨門文曲。爻納亥子中吉。祝吉爲周侍郎埜親坤龍坤山艮向辛巳亡命用乙卯年。乙酉月。乙酉日。乙酉時。富盛無比辛以乙爲偏財辛命祿在酉。酉又與巳命會合。四乙貴人到坤山。又是坤宮納氣。故吉。如是者。別命又不合愼之。

已上陰宅。各局曾將古課參。以坐向爲補龍合壁之譜。但陽宅有內外六事之不同。最難撮立。姑妄言之。再立五局于後俟高明者訂正。

陽宅土局略

坐艮向坤兼丑未是土全局陽宅畏其閉煞堂局宜寛喜金水以洩其氣若兼寅申則又不同用凡艮宮卦內六爻俱爲八煞即頤卦二爻亦同入煞其訣有日艮虎離猪爲煞曜者即此六爻二爻也宜行正門建戌乾灶如行横門宜行乾戌門灶位宜建丙午方放水宜巽巳位俱吉或庚酉位建灶亦吉右水來亦宜乾戌如左水來則宜丙午左便高屋綱窩有三易之虞楊公爲乙巳主命修艮寅山坤向屋取丁丑年

庚戌月庚申日庚辰時。蓋取乙命以申向爲貴人。又乙與庚合官。庚祿在申。向申坤馬到寅艮山。又巳支與申向合。申辰三合水土局。其有誌曰。三合馬進山。三祿向上。須又三庚。名曰三台格。別向則不然。至如分金坐庚。則用日主吊合吉星之時。始可定也。餘俱類推。

陽宅金局略

坐酉向卯兼辛乙。是金木相尅。雖云我尅曰才。究不如化合之妙用。財局亦有發達者。最忌本宮中爭初爻為眞八煞中孚小畜家人五爻為同八煞外則不妨非為巳方即為八煞也蓋己丑正與酉聯成金局若行横門則宜行丁門巽巳位放水丑艮位建灶左水來宜未丁午右水來宜艮寅甲分金宜丁酉辛酉坐度必選擇吊合為佳昔楊公為丙午生人造酉山卯乙向屋用辛巳年辛亥月辛未日辛卯時記日四位辛于丙命合堆于無氣祿四位進祿都到山食祿萬年間三房得福一般均不利乙生人蓋丙命與四辛合官也午支與未合璧四辛貴人到午命四辛歸

在卯。三干之德相聯而無間斷。以陰貴逆行。則乙德在未。丙德在午。丁德在巳。亦相聯無間。又以其隨貴人在天。故謂之天上三奇。能制煞發祥。如戊己庚壬癸辛之奇。或間羅網。或間天空。不相聯也。宗鏡曰。八節三奇。從八節本宮起甲子。陽遁順飛。陰遁逆飛。尋見本年太歲泊何宮。便於其宮起五虎遁。依八節順逆飛尋三奇。分布取用。如庚申年冬至用事。從坎一起甲子。順飛尋至庚申在震三。五虎遁例乙庚起戊寅。即從震三起戊寅。亦順飛乙酉在坎一。丙戌在坤二丁亥在震三。卽庚申年冬至節乙奇在坎。丙奇在坤。丁奇在震也。協紀曰。奇門以六甲爲符使。最忌庚金故用乙以合之。用丙丁以制之。選擇之用三奇。蓋本於此。冬至屬坎。立春屬艮。春分屬震。立夏屬巽。俱用陽遁順飛。夏至屬離。立秋屬坤。秋分屬兌。立冬屬乾。俱用陰遁逆飛。此卽奇門法也。又謂以太歲所泊之宮。起五虎遁。則與奇門順布六儀。逆布之法不同。亦各自有理云。又曰。按月神以月建入中宮。遇丙丁爲火。此由歲建起。遇丙丁爲奇。似乎兩相矛盾。然各有取義而起例亦各不同。且丙丁獨火。本不爲凶。第忌廉貞打頭。月遊諸火星。逢之而火發。丙丁二奇。又取照蓋山向。制魁金神。而非用之以制火星。則其義固並行不悖也。沅按用三奇者。有用選擇四柱。天干有乙丙丁三字爲三奇。以制諸煞。以理而論飛宮。只得一字到方。或乙或丙或丁。便爲三奇到方。恐不如四柱三字之妙。況三奇之說。謂力能制金神。此說于理甚近。其餘亦覺强解耳。更三字又斷無同到一宮之理。究不如用四柱天干之爲妙也。仍參入五行生

魁始爲的論更有日帝星三奇更難考用矣

通天竅 附走馬六壬

通書曰通天竅乃楊救貧眞訣凡修造葬埋開山立向修方若遇吉星所值不問太歲三煞官符大將軍諸凶煞此星並能壓之其法只用八干四維求年月日時吉星所到之處修之大吉其側用雙山五行各從本年三合長生起迎財進寶庫珠順行三位其對冲三位爲大吉進田靑龍共爲十二吉山利用本年三合及其對冲月日時協紀曰通天竅只用八千四

維。而其例又用雙山兼十二支。雖有異同。而於理無害。至其從歲三合長生起三星。并取對宮三星為大吉者。蓋三合本方為大煞之位。對方為三煞之位。長生前三位則為三合後方。對宮為三合前方。不犯大煞三煞諸凶。如申子辰年大煞在子。三煞在巳午未。從長生則坤申是迎財。庚酉是進寶。辛戌是庫珠。其對宮艮寅甲卯乙辰皆吉。自不犯大煞三煞坐煞向煞諸凶。照起本年月日時。亦不犯諸凶。然惟子午卯酉年為然耳。餘年不能概論。如申年太歲在申。甯以迎財爲吉乎辰年可以青龍爲吉乎能壓太歲之說旣不可爲典要又能壓三煞之說更屬有名無實故宗鏡不遵也但與走馬六壬並傳已久世俗稱爲竅馬協紀又謂亦不害於理故姑存之云按六壬天罡年例取天罡爲首順行十二支如子年以乙辰起天罡巽巳起太乙丙午起勝光如丑年則以甲卯起天罡也其十二位則曰天罡太乙勝光小吉傳送從魁河魁登明神后大吉功曹太衝又自天罡起一數奇爲吉偶爲凶謂楊公造葬用山頭吉星修方則用方

道吉星修凶方從吉方起手能得主旺相十二年云。

按地支十二將則以神后大吉功曹勝光小吉傳送登明爲吉今不取大吉小吉登明而取天罡河魁從魁爲吉者蓋取六陽辰爲吉之謂也協紀謂其義與黃黑二道彷彿相同非有深意大抵其方疊吉神則吉無吉神則不能爲福又何多費此一翻心血也耶

四利三元　附蓋山黃道

宗鏡曰。李淯風四利三元。一太歲。二太陽。三喪門。四太陰。五官符。六死符。七歲破。八龍德。九白虎。十福德十一弔客。十二病符。以太陽。太陰。龍德。福德為吉。餘方皆凶。已載於通書年表。至今仍用之。但辰戌丑未年之太陽。又為刼煞。寅申巳亥年之福德。亦為刼煞。太陰又為天官符。子午卯酉年之龍德。又為歲煞。吉不抵凶。豈可泥為一定之吉乎。蓋山黃道者。起於青囊九曜。以本年支對宮之卦為本宮。用小遊年變卦

例起貪狼爲黄羅巨門爲天皇文曲爲紫檀武曲爲地皇又依九曜納甲三合之法同卦所納俱爲吉也既有九曜可無容多用此一説矣

奏書博士

廣聖歷曰奏書者歲之貴神也掌奏記主伺察博士者歲之善神也掌案牘主擬議所居之方利於興修蓬瀛書曰奏書之神歲在東方奏書在東北維歲在南方奏書在東南維歲在西方奏書在西南維歲在北方奏書在西北維博士常與奏書相對如奏書在

艮博士則在坤也。

已上所考吉神爲立向修方選擇最要之用故特詳錄至如小吉神等則附于義例宜忌篇可能一目了然矣。

太歲

協紀辨方曰。太歲爲百辰之統俗謂之年中天子。神樞經謂如國家巡狩省方出師畧地營造宮闕開拓封疆不可向之。向之云者。與太歲對。則居歲破之地也。又曰。若黎庶修造則並須迴避者。太歲君象其方國上吉之方。而非下民所敢用。猶月忌日。爲中宫五黄。民間須避。是日同一義也。故又謂之堆黄煞。

歲破 又曰大耗。求真謂兼歲破亦凶。倘不得已權用亦宜疊吉神爲要。疊三煞切不可用。

廣聖歷曰。歲破者。太歲對沖之辰也。其地不可興造移徙嫁娶遠行。犯者主損財物。及害家長。惟戰伐向之吉。協紀曰。戰伐向之吉者。蓋向歲破。即我坐太歲而敵人居歲破方也。是仍用太歲。非用歲破也。復以大耗名之者。爲忌建國倉納財帛等事。故又名大耗。

太陰大將軍喪門弔客總論

神樞經曰。太陰者。歲后也。常居歲後二辰。所理之地不可興修。曹震圭曰。后姤所居者。后宮也。后宮之星。在帝後二星。又謂紫微垣北極之第四星也。又曰太陰。常居太歲後二辰。子年起戌。順行十二辰之類。神樞經又曰。大將軍者。歲之大將也。凡興造皆不可犯。考原曰。大將軍者。統御武臣之職。有護衛虎賁之象。故居四正之位。歲在東方。則居正北。歲在南。則居正東。歲在西。則居正南。歲在北。則居正西也。紀歲歷曰。喪門者。歲之凶神也。主死喪哭泣之事。常居歲前二

辰。所理之地。不可興舉。犯之者。主盜賊及死喪。案弔
客與太陰同宮。與官符對沖。犯之主疾病哀泣。歲在
四孟。與大將軍合于四仲。名曰羣醜。四孟。寅申巳亥四年。四
仲。子午卯酉四方。也。協紀曰。禮記有云。天子掌陽教。后掌陰
教。故以歲後二辰象之。而名之曰太陰。夫太陰之職
將以助陽出治也。大將軍之職。雖主殺伐。然殺伐者。
凡以鋤邪凶而扶正。亦所以佐陽出治。若其年。太陰
與大將軍同位。則是窮陰沍寒。奸慝暴亂。而絕無生
養之意矣。故曰羣醜。爲方位之最凶者。太陰之方。叉

爲弔客者何歟。蓋歲後二辰。與歲前二位。必屬三合。如太歲在午。則申辰是前後二位。必暗拱子以剋太歲矣。與太歲沖剋。皆死地也。然則助之者。非喪門弔客之象歟。喪門之位。又爲朱雀。以前朱雀後元武之謂也。按協紀謂歲後二辰。象后宮。故名曰太陰。理尚可通。而曹震圭謂帝星後二星。即北極第四星。即后宮之星也。蓋后宮星現黃道居午宮一度。赤道則在午宮三度。每年只移五十二秒。豈每歲能過一辰耶。況七政以日爲太陽。月爲太陰。故歲後二辰。是以理象之實。非月之太陰。并后宮太陰之比也。明矣。故特詳解之。按大將軍占方。則以眞太陽制之。或歲德三合制之。或三奇紫白制之。太陰亦然。但大將軍與太陰同占之方。則非眞太陽到方。或丙丁奇九紫到方。不能制也。如大將軍在午。不可再用午月。在卯不可再用卯月。謂之大將軍還位。最凶不可制也。餘倣此。

力士　蠶室

按力士蠶室。歲之凶神。與奏書博士。每年分居四隅。歲在東。力士居東南。歲在南。力士居西南。歲在西。力

土居西北歲在北力土居東北與蠶室對宮云犯力
土則多瘟疾犯蠶室則損蠶絲云此小煞耳用三德
或三奇或紫白或三德合均可用矣

刼煞災煞歲煞 即三煞也

神樞經曰刼煞者歲之陰氣也主有殺害災煞者五
行陰氣之位常居刼煞前一辰主災疾病厄歲煞者
陰氣九毒謂之煞常居四季謂四季之陰氣能遊天
上廣聖歷曰歲煞之地犯之傷子孫六畜考原曰刼
煞災煞歲煞是爲三煞如曹氏說則三合五行絕胎

養之位也。絕胎養者，墓庫以後，長生以前，神樞經所謂陰氣是也。或謂三煞者，三合五行當旺之冲，故有宜向不宜坐之說。故申子辰年，煞在南方巳午未，是也。餘倣此。三煞不易制也，勿用可也。如修方，從吉方起手，連及修之無害。占向占坐，俱不宜用矣。

伏兵大禍

歷例曰：伏兵大禍者，歲之五兵也。修造犯之，主有兵傷刑戮之咎。考原曰：伏兵大禍，夾處於三煞之間也。

三煞伏兵大禍趨避要論

按年神月煞最要避者莫要於三煞并伏兵大禍之方之月日也萬有不得已之舉亦當知其制化之要而趨避之也本宅之方我可得而主其權或宅外之隣舍所動者是三煞之方又何能操其權歟安能使外人之不動也乎故必用借修之法以保之當俟隣舍興修之日預先三五日擇吉由本宅之吉方興修然後連及動至宅外隣家所修之位動至其興修之日而止復俟其完工之日仍在本宅吉方動作完工則可保無虞矣我宅興修之日宜擇三德三奇眞太

陽之日時制煞可也。或預日封香火遷移避之亦可。

宗鏡曰。三煞乃極猛之煞。伏兵大禍次之。要制伏得宜。占山造葬皆忌。惟占方可制而修也。制法有三。一要三合局以勝之。二要三合得令之月。三煞休囚月。三要本命貴人祿馬及八節三奇。或日月以照臨之。小修則或月日之納音。尅三煞之納音。得一吉星到方可也。協紀辨方曰。三煞爲三合之沖。可向不可坐。故占山則造葬皆忌。占方則可制而修也。然各年不可概論。寅申巳亥年煞在生我之方。爲收開閉之位。

又當休氣辰戌丑未年煞在我生之方爲除滿平之位又當相氣制化之法雖輕重亦有不同而要可制之化之變凶而爲吉也若子午卯酉年則三煞與歲破同方對方太歲又與大煞同位雖有制伏亦難以吉論矣故子午卯酉年災煞最凶劫煞歲煞次之寅申巳亥年歲煞最凶劫煞災煞次之辰戌丑未年畧與子午卯酉等若寅申年之劫煞卯酉年之歲煞與太歲爲六合其凶尤小如壬寅年用壬寅月日時修亥方則四祿聚亥乙酉年用庚辰月日修辰方則一

氣皆金並不以歲煞論矣又寅午戌亥卯未年爲煞魁歲巳酉丑申子辰年爲歲魁煞煞魁歲者俟其休囚之令用之歲魁煞者則惟忌子午卯酉四旺月餘月皆可用只取吉神到方八字成格而已又化煞變魁爲生與制煞之義有別煞克歲者用煞之子如金煞魁木歲用水局月日時則洩金以生木矣歲魁煞者用煞之財如水歲魁火煞用金局月日時則洩火以生水矣用子煞休用財煞囚具有妙義惟木煞無土局則不用化而用制可也水煞無土局則不用制

而用化可也。

五黃煞考

按五黃是洛書之中。何以謂之煞乎。蓋五黃者。是卽戊己土也。土爲皇極五行之至尊。故不可犯也。凡一切興修皆當避之。若以木尅制。是卽犯也。如不得已而免强修造。必俟其休囚之月。而以吉神化之。亦可權用。或是月飛宫又在該方。或是日飛到該方。雖值休囚之月。亦不可用。若值戊己月尤凶。如坐向故不可用。或兼加線度用其休囚月。則無防也。

官符白虎合解 附大煞

歷例曰官符者歲之凶神也主官府詞訟之事所理之方不可興土工犯之當有獄訟之事常居歲前四辰八元秘樞經曰白虎者歲中凶神也常居歲後四辰所居之地犯之主喪服切宜愼之協紀曰通書年表神煞方位以三合五行臨官之位爲天官符故此爲地官符地之云者以其隨地支環歲而移也陰陽最重山向並論三方地官符三方弔照太歲故忌興修通書曰天地官符用年月日時納音尅之如甲子年

天官符在亥遁得乙亥納音屬火以水納音制之又用一白水星水德制之餘倣此又曰官符一年只占一字三奇紫白祿馬貴人一　吉星到方即從吉方起工連及修之吉宗鏡曰官符本非大凶遇驛馬或太陽或紫白或天赦日可解若以修主命貴人祿馬修之反吉會文辿曰紛紛神煞不須求但逢尅應便堪修吉星若照官符位爲官職位顯皇州以言官符可修也楊筠松爲人解訟以命貴解官符癸亥年地官符在卯修主乙亥生命陰貴人戊子以太歲癸亥入

中宮戊子到震卯方用午月卯木死於午甲午日天赦也訟果解所謂支犯支制也按官符白虎大煞爲歲三合若疊凶煞其凶有力若疊吉星則亦吉矣飛廉畧與白虎同故無另列

黃幡豹尾同論

協紀曰黃幡者三合之季象華蓋也與黃幡相對者爲豹尾其喜忌亦相同蓋皆歲君之鹵簿大駕以見不可犯之意耳寅申巳亥豹尾在前黃幡在後子午卯酉年豹尾在後黃幡在前曹震圭以豹尾爲先鋒

之將而置于華蓋之前則非也又按子午卯酉年黄幡即是官符豹尾即是弔客寅申巳亥年黄幡即是白虎豹尾即是喪門辰戌丑未年黄旛即是太歲豹尾即是歲破然則黄幡豹尾二神固虛設也以其無甚悖理仍存其舊名

金神

按宗鏡以年干五虎遁得庚辛之方爲天金神旬內納音屬者爲地金神修方動土犯之主目疾通書曰金神遇天干庚辛宜用丙丁制之遇納音屬金宜用

地支巳午制之或丙丁奇太陽羅星九紫及寅午戌局制之或曰以納音火制之亦可若金神遁在巳午未方不待制亦可修矣

病符死符小耗總論

協紀曰病符舊太歲也病符所衝則死符也病之所究極非死而何何以不名本年太歲所衝爲死符耶太歲爲一歲之君德刑並施其所衝禍且不止於死而福亦未可料也故六壬類神以歲破爲貴相謂得坐而論道也若舊太歲休廢之氣所衝則必死矣又

爲小耗者。則以次於大耗而言。太歲所衝爲大耗。則
舊太歲所衝爲小耗云耳。太歲所破。其爲亡耗大矣。
迨易歲之後。而元氣未復。有小耗之象焉。故舊歲破
爲小耗也。又易曰。天數五。地數五。數至五而極。歲前
五辰。數居其極。故爲死符。是亦一說也。曹震圭以歲
前五辰爲太歲絶氣蓄亦數窮之意。然其說似是而
非。夫長生沐浴。以至絶胎養。皆從五行旺相休囚死
而言。謂之五勝。又從五勝細區之。而爲是十二位云
耳。夫五行歷乎四季。加以中央土。則五勝起焉。五行

歷乎十二辰。而各有寢昌寖微之漸。則十二位立焉。又同爲一行。陽順而陰逆。陽死則陰生。陰死則陽生。干以成五行之氣。之無終絶。其旨深也。今太歲者。歲陰也。雖行乎五行之中。而不定其爲何行。安得指其本位爲帝旺。而以其前五爲絶位哉。如以前五爲絶位。則將以舊太歲爲新太歲臨官之位乎。不可通矣。且陽順則前五爲絶矣。陰逆則又當以後五爲絶陰。年太歲豈又將以後五爲死符耶。

巳上所考凶神。爲立向修方選擇最要之條。故宜忌制化之理畧爲引訂。其如小凶神者則附于義例篇下。註其所忌所制。查而用之可也。

義例宜忌立成篇

吉凶神煞，協紀辨方則分註義例篇、制煞要法篇、宜忌篇、立成篇，使閱者通其義而利其用者，蓋因選擇凡六十事，条目太繁，不能不如是也。此書專爲陰陽二宅之用耳，故撮而爲義例宜忌立成篇，至陰陽二宅所不用者，蓋不載也。或有是名而不用者，亦不詳載，只列其名而註以制化之用耳。欲知其原理，可於考原卷查之，故不贅立也。

以下所立神煞立成表，俱横推直看。

年神從歲干起者

		歲干									
		甲	乙	丙	丁	戊	己	庚	辛	壬	癸
歲德	諸事皆宜	甲	庚	丙	壬	戊	甲	庚	丙	壬	戊
歲德合	諸事皆宜	己	乙	辛	丁	癸	己	乙	辛	丁	癸
歲祿	諸事皆宜	寅	卯	巳	午	巳	午	申	酉	亥	子
陽貴	諸事皆宜	未	申	酉	亥	丑	子	丑	寅	卯	巳
陰貴	諸事皆宜	丑	子	亥	酉	未	申	未	午	己	卯
金神	忌修方動土天干金神以天干丙丁制三奇更妙納音用納音制造葬用火局或九紫吉星制之待其休囚之月可也	午未申酉	辰巳	寅卯午未子丑	寅卯戌亥	申酉子丑	午未申酉	辰巳	寅卯午未子丑	寅卯戌亥	申酉子丑

年神從歲干取納甲變卦者

歲干	甲	乙	丙	丁	戊	己	庚	辛	壬	癸
破敗五鬼 忌修造宜用太陽三奇歲月德合歲命貴人六馬制之	巽	艮	坤	震	離	坎	兌	乾	巽	艮
陰府太歲 忌山不忌向修方并忌安葬用天月德太陽到山制之	艮	兌	坎	乾	坤	艮	兌	坎	乾	坤
	巽	乾	坤	離	震	巽	乾	坤	離	震
浮天空亡 此小煞耳有一點吉星均可制化	離	坎	巽	震	坤	乾	兌	艮	乾	坤
	壬	癸	辛	庚	乙	甲	丁	丙	甲	乙

年神隨歲方順行者

歲支	子	丑	寅	卯	辰	巳	午	未	申	酉	戌	亥
奏書 向坐俱吉	乾	乾	艮	艮	艮	巽	巽	巽	坤	坤	坤	乾
博士 向坐俱吉	巽	巽	坤	坤	坤	乾	乾	乾	艮	艮	艮	巽

力士 與巡山羅睺太歲同位忌興修餘年不忌也	艮	艮	巽	巽	巽	坤	坤	坤	乾	乾	乾	艮
蠶室 小煞也修造蠶絲失利宜作蠶室餘不忌也	坤	坤	乾	乾	乾	艮	艮	艮	巽	巽	巽	坤
蠶官 宜忌與上同	未	未	戌	戌	戌	丑	丑	丑	辰	辰	辰	未
蠶命 宜忌與上同	申	申	亥	亥	亥	寅	寅	寅	巳	巳	巳	申
大將軍 忌興修有輕重之分宜太陽三合歲德三奇紫白制之	酉	酉	子	子	子	卯	卯	卯	午	午	午	酉

年神隨歲支順行者

歲支	子	丑	寅	卯	辰	巳	午	未	申	酉	戌	亥
太歲 宜坐不宜向必要疊諸吉神方吉本命貴祿臨之尤妙	子	丑	寅	卯	辰	巳	午	未	申	酉	戌	亥
太陽 小吉	丑	寅	卯	辰	巳	午	未	申	酉	戌	亥	子

歲支	子	丑	寅	卯	辰	巳	午	未	申	酉	戌	亥
喪門 小煞也 忌與修逢歲破○如遇六德三奇紫白太陽與修無礙	寅	卯	辰	巳	午	未	申	酉	戌	亥	子	丑
太陰 歲在四孟與大將軍合於四仲日孽醜甚宜太陽夜宜三奇制之	卯	辰	巳	午	未	申	酉	戌	亥	子	丑	寅
官符 畜官○宜太陽紫白祿馬臨之反吉用天赦解之亦可	辰	巳	午	未	申	酉	戌	亥	子	丑	寅	卯
枝德 死符 小耗	巳	午	未	申	酉	戌	亥	子	丑	寅	卯	辰
歲破 大耗○諸事不宜或叠紫白三奇祿馬同臨極吉非凶	午	未	申	酉	戌	亥	子	丑	寅	卯	辰	巳
龍德 小吉	未	申	酉	戌	亥	子	丑	寅	卯	辰	巳	午
白虎 叠吉神則吉叠凶神則凶用三合局魁之吉與官符大煞同	申	酉	戌	亥	子	丑	寅	卯	辰	巳	午	未
福德 小吉	酉	戌	亥	子	丑	寅	卯	辰	巳	午	未	申

弔客 太陰○用之之義 與喪門同	戌亥子丑寅卯辰巳午未申酉
病符 義與巡山死符同	亥子丑寅卯辰巳午未申酉戌
巡山羅睺 與太歲同宮不宜犯餘則並吉神可用一白水星制之	癸艮甲乙巽丙丁坤庚辛乾壬

年神隨歲支退行者

歲支	子丑寅卯辰巳午未申酉戌亥
神后 小吉	子亥戌酉申未午巳辰卯寅丑
功曹	寅丑子亥戌酉申未午巳辰卯
天罡	辰卯寅丑子亥戌酉申未午巳
勝光 小吉	午巳辰卯寅丑子亥戌酉申未

歲支	子	丑	寅	卯	辰	巳	午	未	申	酉	戌	亥
傳送	申	未	午	巳	辰	卯	寅	丑	子	亥	戌	酉
河魁	戌	酉	申	未	午	巳	辰	卯	寅	丑	子	亥
六害 忌開山制化之義與歲刑同選擇最忌刑沖	未	午	巳	辰	卯	寅	丑	子	亥	戌	酉	申
五鬼 與建破同方不可犯巳亥月次之惟生氣太陽丙丁照之可用三奇紫白同制	辰	卯	寅	丑	子	亥	戌	酉	申	未	午	巳

年神從歲支三合者

歲支	子	丑	寅	卯	辰	巳	午	未	申	酉	戌	亥
歲馬 諸事皆吉	寅	亥	申	巳	寅	亥	申	巳	寅	亥	申	巳
歲刑 忌修方宜用三奇紫白祿馬制之吉或六德太陽化之亦吉	卯	戌	巳	子	辰	申	午	丑	寅	酉	未	亥

		三合前方						三合後方				劫煞忌與修宜向不宜坐用法詳於喜忌制化編	災煞同上	歲煞忌與修宜向不宜坐三煞以歲煞爲最凶亦詳於喜忌編
艮	寅	甲	卯	乙	辰	坤	申	庚	酉	辛	戌	巳	午	未
乾	亥	壬	子	癸	丑	巽	巳	丙	午	丁	未	寅	卯	辰
坤	申	庚	酉	辛	戌	艮	寅	甲	卯	乙	辰	亥	子	丑
巽	巳	丙	午	丁	未	乾	亥	壬	子	癸	丑	申	酉	戌
艮	寅	甲	卯	乙	辰	坤	申	庚	酉	辛	戌	巳	午	未
乾	亥	壬	子	癸	丑	巽	巳	丙	午	丁	未	寅	卯	辰
坤	申	庚	酉	辛	戌	艮	寅	甲	卯	乙	辰	亥	子	丑
巽	巳	丙	午	丁	未	乾	亥	壬	子	癸	丑	申	酉	戌
艮	寅	甲	卯	乙	辰	坤	申	庚	酉	辛	戌	巳	午	未
乾	亥	壬	子	癸	丑	巽	巳	丙	午	丁	未	寅	卯	辰
坤	申	庚	酉	辛	戌	艮	寅	甲	卯	乙	辰	亥	子	丑
巽	巳	丙	午	丁	未	乾	亥	壬	子	癸	丑	申	酉	戌

歲支	子	丑	寅	卯	辰	巳	午	未	申	酉	戌	亥
伏兵 宜向不宜坐詳於喜忌編	丙	甲	壬	庚	丙	甲	壬	庚	丙	甲	壬	庚
大禍 同上	丁	乙	癸	辛	丁	乙	癸	辛	丁	乙	癸	辛
坐煞 諸事不宜	丙丁	甲乙	壬癸	庚辛	丙丁	甲乙	壬癸	庚辛	丙丁	甲乙	壬癸	庚辛
向煞 叠吉神及真太陽到方用之得宜方可興修詳喜忌編	壬癸	庚辛	丙丁	甲乙	壬癸	庚辛	丙丁	甲乙	壬癸	庚辛	丙丁	甲乙
天官符 用納音所屬制之用得三奇紫白祿馬到方修之亦吉	亥	申	巳	寅	亥	申	巳	寅	亥	申	巳	寅
大煞 與白虎官符義同	子	酉	午	卯	子	酉	午	卯	子	酉	午	卯
黃幡 忌取開門或用天月德天道所臨之方修之亦吉	辰	丑	戌	未	辰	丑	戌	未	辰	丑	戌	未
豹尾 義與黃幡同	戌	未	辰	丑	戌	未	辰	丑	戌	未	辰	丑

炙退可向不可坐用之宜扶補疊吉神修之亦吉　卯 子 酉 午 卯 子 酉 午 卯 子 酉 午

年神隨歲支順行一方者

歲支　子 丑 寅 卯 辰 巳 午 未 申 酉 戌 亥

飛廉與力士同　申 酉 戌 巳 午 未 寅 卯 辰 亥 子 丑

年神從歲支納甲變卦者

歲支　子 丑 寅 卯 辰 巳 午 未 申 酉 戌 亥

貪狼吉神　震庚 艮 艮 乾 兌丁 兌丁 巽辛 坤 坤 離壬 坎癸 坎癸

亥未 丙 丙 甲 巳丑 巳丑 辛 乙 乙 寅戌 申辰 申辰

巨門吉神　兌丁 巽辛 巽辛 離壬 震庚 震庚 艮 坎癸 坎癸 乾 坤 坤

巳丑 辛 辛 寅戌 亥未 亥未 丙 申辰 申辰 甲 乙 乙

武曲吉神　巽辛 兌丁 兌丁 坤 艮 艮 震庚 乾 乾 坎癸 離壬 離壬

辛 巳丑 巳丑 乙 丙 丙 亥未 甲 甲 申辰 寅戌 寅戌

歲支	子	丑	寅	卯	辰	巳	午	未	申	酉	戌	亥
文曲吉神	坤	離壬	離壬	巽	坎癸	坎癸	乾	震庚	震庚	艮	兌丁	兌丁
	乙	寅戌	寅戌	辛	申辰	申辰	甲	亥未	亥未	丙	巳丑	巳丑
獨火忌修造不忌安葬覓火星則忌餘則水星水德制之皆吉因與金匱同方也	艮	震	震	坎	巽	巽	兌	離	離	坤	乾	乾

年神從三元起者

三元紫白		甲子 癸酉 壬午 辛卯 庚子 己酉 戊午年	乙丑 甲戌 癸未 壬辰 辛丑 庚戌 己未年	丙寅 乙亥 甲申 癸巳 壬寅 辛亥 庚申年
上元	一白	中	乾	兌
	六白	坎	坤	震
	八白	震	巽	中
	九紫	巽	中	乾
中元	一白	坤	震	巽
	六白	兌	艮	離
	八白	離	坎	坤
	九紫	坎	坤	震
下元	一白	艮	離	坎
	六白	巽	中	乾
	八白	乾	兌	艮
	九紫	兌	艮	離

丁卯丙子乙酉甲午 癸卯壬子辛酉年	艮巽乾兌中坎震巽坤兌離坎
戊辰丁丑丙戌乙未 甲辰癸丑壬戌年	離中兌艮乾坤巽中震艮坎坤
己巳戊寅丁亥丙申 乙巳甲寅癸亥年	坎乾艮離兌震中乾巽離坤震
庚午己卯戊子丁酉 丙午乙卯年年	坤兌離坎艮巽乾兌中坎震巽
辛未庚辰己丑戊戌 丁未丙辰年年	震艮坎坤離中兌艮乾坤巽中
壬申辛巳庚寅己亥 戊申丁巳年年	巽離坤震坎乾艮離兌震中乾

年神從歲納音起者

年尅山家 小煞耳有吉神可用

	子午年	寅申年	辰戌年
甲	水土山	離壬丙乙	乾亥兌丁

	子午年	寅申年	辰戌年
丙	乾亥兌丁	震艮巳	水土山
戊	冬至後兌 乾亥兌丁	離壬丙乙	水土山
庚	乾亥兌丁	離壬丙乙	震艮巳
壬	乾亥兌丁	冬至後兌 乾亥兌丁	水土山

	丑未年	卯酉年	巳亥年
乙	震艮巳	冬至後兌 乾亥兌丁	水土山
丁	水土山	離壬丙乙	震艮巳
己	乾亥兌丁	冬至後兌 乾亥兌丁	震艮巳

辛	水土山	冬至後魁 乾亥兌丁	離壬丙乙
癸	水土山	乾亥兌丁	震艮巳

煞神從年干遁起者

年干	甲	乙	丙	丁	戊	己	庚	辛	壬	癸
戊都天 是山向修方如值當令或戊己日又或併太歲	辰	寅子	戊	申	午	辰	寅子	戊	申	午
己都天 五黃切不可輕犯外此則三合局化之或吉神	巳	卯丑	亥	酉	未	巳	卯丑	亥	酉	未
夾煞都天 制之亦可用也	巽	甲	乾	庚	丁	巽	甲	乾	庚	丁

吉神從歲干起者

陽貴人

	正	二	三	四	五	六	七	八	九	十	十一	十二
甲年	坎	離	艮	兌	乾	中	坎	離	艮	兌	乾	中
乙年	坤	坎	離	艮	兌	乾	中	坎	離	艮	兌	乾
丙年	震	坤	坎	離	艮	兌	乾	中	坎	離	艮	兌
丁年	中	巽	震	坤	坎	離	艮	兌	乾	中	坎	離
戊庚年	兌	乾	中	巽	震	坤	坎	離	艮	兌	乾	中

己年	乾	中	巽	震	坤	坎	離	艮	兌	乾	中	坎
辛年	中	坎	離	艮	兌	乾	中	巽	震	坤	坎	離
壬年	乾	中	坎	離	艮	兌	乾	中	巽	震	坤	坎
癸年	艮	兌	乾	中	坎	離	艮	兌	乾	中	巽	震

陰貴人　諸事皆吉

	正	二	三	四	五	六	七	八	九	十	十一	十二
甲年	兌	乾	中	巽	震	坤	坎	離	艮	兌	乾	中
乙年	乾	中	巽	震	坤	坎	離	艮	兌	乾	中	坎
丙年	中	巽	震	坤	坎	離	艮	兌	乾	中	坎	離
丁年	震	坤	坎	離	艮	兌	乾	中	坎	離	艮	兌

飛天祿	正	二	三	四	五	六	七	八	九	十	十一	十二
戊庚年	坎	離	艮	兌	乾	中	坎	離	艮	兌	乾	中
己年	坤	坎	離	艮	兌	乾	中	坎	離	艮	兌	乾
辛年	離	艮	兌	乾	中	坎	離	艮	兌	乾	中	巽
壬年	艮	兌	乾	中	坎	離	艮	兌	乾	中	巽	震
癸年	乾	中	坎	離	艮	兌	乾	中	巽	震	坤	坎
甲年	中	坎	離	艮	兌	乾	中	巽	震	坤	坎	離
乙年	乾	中	坎	離	艮	兌	乾	中	巽	震	坤	坎
丙戊年	艮	兌	乾	中	坎	離	艮	兌	乾	中	巽	震

丁己年	庚年	辛年	壬年	癸年
離	坤	震	中	乾
艮	坎	坤	巽	中
兌	離	坎	震	巽
乾	艮	離	坤	震
中	兌	艮	坎	坤
坎	乾	兌	離	坎
離	中	乾	艮	離
艮	坎	中	兌	艮
兌	離	坎	乾	兌
乾	艮	離	中	乾
中	兌	艮	坎	中
巽	乾	兌	離	坎

丙丁獨火

宜忌與年獨火同用日獨火同

	甲己年	乙庚年	丙辛年
正	中乾	巽中	坤震
二	中	震巽	坎坤
三	巽中	坤震	離坎
四	震巽	坎坤	艮離
五	坤震	離坎	兌艮
六	坎坤	艮離	乾兌
七	離坎	兌艮	中乾
八	艮離	乾兌	中
九	兌艮	中乾	巽中
十	乾兌	中	震巽
十一	中乾	巽中	坤震
十二	中	震巽	坎坤

丁壬年		戊癸年	
離	坎	兌	艮
艮	離	乾	兌
兌	艮	中	乾
乾	兌	中	中
中	乾	巽	中
中	中	震	巽
巽	中	坤	震
震	巽	坎	坤
坤	震	離	坎
坎	坤	艮	離
離	坎	兌	艮
艮	離	乾	兌

月神從三元起者

月紫白 坐向修方宜隨之

子午卯酉年

	一白	六白	八白	九紫
正	兌	震	中	乾
二	艮	巽	乾	兌
三	離	中	兌	艮
四	坎	乾	艮	離
五	坤	兌	離	坎
六	震	艮	坎	坤
七	巽	離	坤	震
八	中	坎	震	巽
九	乾	坤	巽	中
十	兌	震	中	乾
十一	艮	巽	乾	兌
十二	離	中	兌	艮

辰戌丑未年

一白	坎	坤	震	巽	中	乾	兌	艮	離	坎	坤	震
六白	乾	兌	艮	離	坎	坤	震	巽	中	乾	兌	艮
八白	艮	離	坎	坤	震	巽	中	乾	兌	艮	離	坎
九紫	離	坎	坤	震	巽	中	乾	兌	艮	離	坎	坤

寅申巳亥年

一白	巽	中	乾	兌	艮	離	坎	坤	震	巽	中	乾
六白	離	坎	坤	震	巽	中	乾	兌	艮	離	坎	坤
八白	坤	震	巽	中	乾	兌	艮	離	坎	坤	震	巽
九紫	震	巽	中	乾	兌	艮	離	坎	坤	震	巽	中

月神從歲支起者

飛天馬 諸事皆宜

	正	二	三	四	五	六	七	八	九	十	十一	十二
申子辰年	中	坎	離	艮	兌	乾	中	巽	震	坤	坎	離
巳酉丑年	中	巽	震	坤	坎	離	艮	兌	乾	中	坎	離
寅午戌年	坤	坎	離	艮	兌	乾	中	坎	離	艮	兌	乾
亥卯未年	艮	兌	乾	中	坎	離	艮	兌	乾	中	巽	震

天官符 宜忌與年天官符同

	正	二	三	四	五	六	七	八	九	十	十一	十二
申子辰年	中	巽	震	坤	坎	離	艮	兌	乾	中	兌	乾
		辰	甲	未	壬	丙	丑	庚	戌		庚	戌
		巳	乙	申	癸	丁	寅	辛	亥		辛	亥

巳酉丑年

未壬丙丑庚戌 庚戌 辰甲

坤坎離艮兌乾中兌乾中巽震

申癸丁寅辛亥 辛亥 巳乙

寅午戌年

庚戌 庚戌 辰甲未壬丙

艮兌乾中兌乾中巽震坤坎離

寅辛亥 辛亥 巳乙申癸丁

亥卯未年

庚戌 辰甲未壬丙丑庚戌

中兌乾中巽震坤坎離艮兌乾

辛亥 巳乙申癸丁寅辛亥

地官符

叠凶神忌用，叠吉神有制尤吉

月	子年			丑年		
正	庚	兑	辛	丑	艮	寅
二	戌	乾	亥	庚	兑	辛
三		中		戌	乾	亥
四	庚	兑	辛		中	
五	戌	乾	亥	庚	兑	辛
六		中		戌	乾	亥
七	辰	巽	巳		中	
八	甲	震	乙	辰	巽	巳
九	未	坤	申	甲	震	乙
十	壬	坎	癸	未	坤	申
十一	丙	離	丁	壬	坎	癸
十二	丑	艮	寅	丙	離	丁

寅年			卯年			辰年		
丙	離	丁	壬	坎	癸	未	坤	申
丑	艮	寅	丙	離	丁	壬	坎	癸
庚	兌	辛	丑	艮	寅	丙	離	丁
戌	乾	亥	庚	兌	辛	丑	艮	寅
	中		戌	乾	亥	庚	兌	辛
庚	兌	辛		中		戌	乾	亥
戌	乾	亥	庚	兌	辛		中	
	中		戌	乾	亥	庚	兌	辛
辰	巽	巳		中		戌	乾	亥
甲	震	乙	辰	巽	巳		中	
未	坤	申	甲	震	乙	辰	巽	巳
壬	坎	癸	未	坤	申	甲	震	乙

巳年	甲未壬丙丑庚戌…庚戌…辰	震坤坎離艮兌乾中兌乾中巽	乙申癸丁寅辛亥…辛亥…巳
午年	辰甲未壬丙丑庚戌…庚戌	巽震坤坎離艮兌乾中兌乾中	巳乙申癸丁寅辛亥…辛亥
未年	辰甲未壬丙丑庚戌…庚戌	中巽震坤坎離艮兌乾中兌乾	巳乙申癸丁寅辛亥…辛亥

戌　辰甲未壬丙丑庚戌　庚
申年
乾中巽震坤坎離艮兌乾中兌
亥　巳乙申癸丁寅辛亥　辛
庚戌　辰甲未壬丙丑庚戌

酉年
兌乾中巽震坤坎離艮兌乾中
辛亥　巳乙申癸丁寅辛亥
庚戌　辰甲未壬丙丑庚戌

戌年
中兌乾中巽震坤坎離艮兌乾
辛亥　巳乙申癸丁寅辛亥

亥年

戌	乾	亥
	中	
庚	兌	辛
戌	乾	亥
	中	
辰	巽	巳
甲	震	乙
未	坤	申
壬	坎	癸
丙	離	丁
丑	艮	寅
庚	兌	辛

飛大煞打頭火。併歲君忌用 疊吉神有制亦吉

申子辰年

正	戌	乾	亥
二		中	
三	辰	巽	巳
四	甲	震	乙
五	未	坤	申
六	壬	坎	癸
七	丙	離	丁
八	丑	艮	寅
九	庚	兌	辛
十	戌	乾	亥
十一		中	
十二	庚	兌	辛

巳酉丑年

甲未壬丙丑庚戌　庚戌　辰

震坤坎離艮兌乾中兌乾中巽

乙申癸丁寅辛亥　辛亥　巳

丙丑庚戌　庚戌　辰甲未壬

寅午戌年

離艮兌乾中兌乾中巽震坤坎

丁寅辛亥　辛亥　巳乙申癸

戊　庚戌　辰甲未壬丙丑庚

亥卯未年

乾中兌乾中巽震坤坎離艮兌

亥　辛亥　巳乙申癸丁寅辛

月遊火

忌修造不忌安葬 制化與獨火同用

	子丑年	寅年	卯辰年	巳年	午未年	申年	酉戌年	亥年
正	艮	震	巽	離	坤	兌	乾	坎
二	離	巽	中	坎	震	艮	兌	坤
三	坎	中	乾	坤	巽	離	艮	震
四	坤	乾	兌	震	中	坎	離	巽
五	震	兌	艮	巽	乾	坤	坎	中
六	巽	艮	離	中	兌	震	坤	乾
七	中	離	坎	乾	艮	巽	震	兌
八	乾	坎	坤	兌	離	中	巽	艮
九	兌	坤	震	艮	坎	乾	中	離
十	艮	震	巽	離	坤	兌	乾	坎
十一	離	巽	中	坎	震	艮	兌	坤
十二	坎	中	乾	坤	巽	離	艮	震

小月建忌修方用祿馬太陽紫白制之吉疊五黃戊巳凶

大月建忌修方動土占中宮疊戊巳五黃凶餘用六德貴人制吉

月	陽年			陰年			月
正		中		丙	離	丁	正
二	戊	乾	亥	壬	坎	癸	二
三	庚	兌	辛	未	坤	申	三
四	丑	艮	寅	甲	震	乙	四
五	丙	離	丁	辰	巽	巳	五
六	壬	坎	癸		中		六
七	未	坤	申	戊	乾	亥	七
八	甲	震	乙	庚	兌	辛	八
九	辰	巽	巳	丑	艮	寅	九
十		中		丙	離	丁	十
十一	戊	乾	亥	壬	坎	癸	十一
十二	庚	兌	辛	未	坤	申	十二

子午卯酉年

丑庚戌　辰甲未壬丙丑庚戌
艮兌乾中巽震坤坎離艮兌乾
寅辛亥　巳乙申癸丁寅辛亥

辰戌丑未年

辰甲未壬丙丑庚戌　辰甲
中巽震坤坎離艮兌乾中巽震
巳乙申癸丁寅辛亥　巳乙
未壬丙丑庚戌　辰甲未壬丙

寅申巳亥年

坤坎離艮兌乾中巽震坤坎離
申癸丁寅辛亥　巳乙申癸丁

月神從月干起者

陰府太歲與年歲陰府同

月	甲己年		乙庚年		丙辛年	
正	坎	坤	坤	震	乾	兌
二	乾	離	巽	艮	坤	坎
三	坤	震	乾	兌	離	乾
四	巽	艮	坤	坎	震	坤
五	乾	兌	離	乾	艮	巽
六	坤	坎	震	坤	兌	乾
七	離	乾	艮	巽	坎	坤
八	震	坤	兌	乾	乾	離
九	艮	巽	坎	坤	坤	震
十	兌	乾	乾	離	巽	艮
十一	坎	坤	坤	震	乾	兌
十二	乾	離	巽	艮	坤	坎

丁壬年	離	震	艮	兌	坎	乾	坤	巽	乾	坤	離	震
	乾	坤	巽	乾	坤	離	震	艮	兌	坎	乾	坤
戊癸年	艮	兌	坎	乾	坤	巽	乾	坤	離	震	艮	兌
	巽	乾	坤	離	震	艮	兌	坎	乾	坤	巽	乾

月神從月納音起者

月魁山家 有吉神用之無碍

	正	二	三	四	五	六	七	八	九	十	十一	十二
甲己年	乾	亥	震	艮			水	土	乾	亥	離	壬
	兌	丁	巳	山			山		兌	丁	丙	乙

年	一	二
乙庚年	乾亥震艮離壬　乾亥水土	兌丁巳山丙乙　兌丁山
丙辛年	乾亥離壬震艮　水土	兌丁丙乙巳山　山
丁壬年	離壬水土震艮	丙乙山　巳山
戊癸年	震艮離壬　水土震艮	巳山丙乙　山　巳山

月神從八節九宮順逆行者

	冬至			立春			春分			立夏		
三奇 諸事皆吉	乙	丙	丁	乙	丙	丁	乙	丙	丁	乙	丙	丁
甲子 己酉 年	坎	坎	坤	艮	艮	離	震	震	巽	巽	巽	中
乙丑 庚戌 年	離	坎	坤	兌	艮	離	坤	震	巽	震	巽	中
丙寅 辛亥 年	艮	離	坎	乾	兌	艮	坎	坤	震	坤	震	巽
丁卯 壬子 年	兌	艮	離	中	乾	兌	離	坎	坤	坎	坤	震
戊辰 癸丑 年	乾	兌	艮	巽	中	乾	艮	離	坎	離	坎	坤
己巳 甲寅 年	乾	乾	兌	巽	巽	中	艮	艮	離	離	離	坎

理氣溯源 卷六

	冬至	立春	春分	立夏
	乙丙丁	乙丙丁	乙丙丁	乙丙丁
庚午 乙卯 年	中乾兌	震巽中	兌艮離	艮離坎
辛未 丙辰 年	巽中乾	坤震巽	乾兌艮	兌艮離
壬申 丁巳 年	震巽中	坎坤震	中乾兌	乾兌艮
癸酉 戊午 年	坤震巽	離坎坤	巽中乾	中乾兌
甲戌 己未 年	坤坤震	離離坎	巽巽中	中中乾
乙亥 庚申 年	坎坤震	艮離坎	震巽中	巽中乾
丙子 辛酉 年	離坎坤	兌艮離	坤震巽	震巽中

丁丑 壬戌 年	艮離坎乾兌艮坎坤震坤震巽
戊寅 癸亥 年	兌艮離中乾兌離坎坤坎坤震
己卯年	兌兌艮中中乾離離坎坎坎坤
庚辰年	乾兌艮巽中乾艮離坎離坎坤
辛巳年	中乾兌震巽中兌艮離艮離坎
壬午年	巽中乾坤震巽乾兌艮兌艮離
癸未年	震巽中坎坤震中乾兌乾兌艮
甲申年	震震巽坎坎坤中中乾乾乾兌
乙酉年	坤震巽離坎坤巽中乾中乾兌

	冬至			立春			春分			立夏		
	乙	丙	丁	乙	丙	丁	乙	丙	丁	乙	丙	丁
丙戌年	坎	坤	震	艮	離	坎	震	巽	中	巽	中	乾
丁亥年	離	坎	坤	兌	艮	離	坤	震	巽	震	巽	中
戊子年	艮	離	坎	乾	兌	艮	坎	坤	震	坤	震	巽
己丑年	艮	艮	離	乾	乾	兌	坎	坎	坤	坤	坤	震
庚寅年	兌	艮	離	中	乾	兌	離	坎	坤	坎	坤	震
辛卯年	乾	兌	艮	巽	中	乾	艮	離	坎	離	坎	坤
壬辰年	中	乾	兌	震	巽	中	兌	艮	離	艮	離	坎

癸巳年	巽	中	乾	坤	震	巽	乾	兌	艮	兌	艮	離
甲午年	巽	巽	中	坤	坤	震	乾	乾	兌	兌	兌	艮
乙未年	震	巽	中	坎	坤	震	中	乾	兌	乾	兌	艮
丙申年	坤	震	巽	離	坎	坤	巽	中	乾	中	乾	兌
丁酉年	坎	坤	震	艮	離	坎	震	巽	中	巽	中	乾
戊戌年	離	坎	坤	兌	艮	離	坤	震	巽	震	巽	中
己亥年	離	離	坎	兌	兌	艮	坤	坤	震	震	震	巽
庚子年	艮	離	坎	乾	兌	艮	坎	坤	震	坤	震	巽
辛丑年	兌	艮	離	中	乾	兌	離	坎	坤	坎	坤	震

	冬至			立春			春分			立夏		
	乙	丙	丁	乙	丙	丁	乙	丙	丁	乙	丙	丁
壬寅年	乾	兌	艮	巽	中	乾	艮	離	坎	離	坎	坤
癸卯年	中	乾	兌	震	巽	中	兌	艮	離	艮	離	坎
甲辰年	中	中	乾	震	震	巽	兌	兌	艮	艮	艮	離
乙巳年	巽	中	乾	坤	震	巽	乾	兌	艮	兌	艮	離
丙午年	震	巽	中	坎	坤	震	中	乾	兌	乾	兌	艮
丁未年	坤	震	巽	離	坎	坤	巽	中	乾	中	乾	兌
戊申年	坎	坤	震	艮	離	坎	震	巽	中	巽	中	乾

三奇諸事皆吉

		甲子己酉年	乙丑庚戌年	丙寅辛亥年	丁卯壬子年	戊辰癸丑年	己巳甲寅年	庚午乙卯年
夏至	乙	離	坎	坤	震	巽	巽	中
	丙	離	離	坎	坤	震	巽	巽
	丁	艮	艮	離	坎	坤	震	震
立秋	乙	坤	震	巽	中	乾	乾	兌
	丙	坤	坤	震	巽	中	乾	乾
	丁	坎	坎	坤	震	巽	中	中
秋分	乙	兌	艮	離	坎	坤	坤	震
	丙	兌	兌	艮	離	坎	坤	坤
	丁	乾	乾	兌	艮	離	坎	坎
立冬	乙	乾	兌	艮	離	坎	坎	坤
	丙	乾	乾	兌	艮	離	坎	坎
	丁	中	中	乾	兌	艮	離	離

	夏至			立秋			秋分			立冬		
	乙	丙	丁	乙	丙	丁	乙	丙	丁	乙	丙	丁
辛未丙辰年	乾	中	巽	艮	兌	乾	巽	震	坤	震	坤	坎
壬申丁巳年	兌	乾	中	離	艮	兌	中	巽	震	巽	震	坤
癸酉戊午年	艮	兌	乾	坎	離	艮	乾	中	巽	中	巽	震
甲戌己未年	艮	艮	兌	坎	坎	離	乾	乾	中	中	中	巽
乙亥庚申年	離	艮	兌	坤	坎	離	兌	乾	中	乾	中	巽
丙子辛酉年	坎	離	艮	震	坤	坎	艮	兌	乾	兌	乾	中
丁丑壬戌年	坤	坎	離	巽	震	坤	離	艮	兌	艮	兌	乾

戊寅癸亥年	震	坤	坎	中	巽	震	坎	離	艮	離	艮	兌
己卯年	震	震	坤	中	中	巽	坎	坎	離	離	離	艮
庚辰年	巽	震	坤	乾	中	巽	坤	坎	離	坎	離	艮
辛巳年	中	巽	震	兌	乾	中	震	坤	坎	坤	坎	離
壬午年	乾	中	巽	艮	兌	乾	巽	震	坤	震	坤	坎
癸未年	兌	乾	中	離	艮	兌	中	巽	震	巽	震	坤
甲申年	兌	兌	乾	離	離	艮	中	中	巽	巽	巽	震
乙酉年	艮	兌	乾	坎	離	艮	乾	中	巽	中	巽	震
丙戌年	離	艮	兌	坤	坎	離	兌	乾	中	乾	中	巽

	夏至			立秋			秋分			立冬		
	乙	丙	丁	乙	丙	丁	乙	丙	丁	乙	丙	丁
丁亥年	坎	離	艮	震	坤	坎	艮	兌	乾	兌	乾	中
戊子年	坤	坎	離	巽	震	坤	離	艮	兌	艮	兌	乾
己丑年	坤	坤	坎	巽	巽	震	離	離	艮	艮	艮	兌
庚寅年	震	坤	坎	中	巽	震	坎	離	艮	離	艮	兌
辛卯年	巽	震	坤	乾	中	巽	坤	坎	離	坎	離	艮
壬辰年	中	巽	震	兌	乾	中	震	坤	坎	坤	坎	離
癸巳年	乾	中	巽	艮	兌	乾	巽	震	坤	震	坤	坎

甲午年	乾	乾	中	艮	艮	兌	巽	巽	震	震	震	坤
乙未年	兌	乾	中	離	艮	兌	中	巽	震	巽	震	坤
丙申年	艮	兌	乾	坎	離	艮	乾	中	巽	中	巽	震
丁酉年	離	艮	兌	坤	坎	離	兌	乾	中	乾	中	巽
戊戌年	坎	離	艮	震	坤	坎	艮	兌	乾	兌	乾	中
己亥年	坎	坎	離	震	震	坤	艮	艮	兌	兌	兌	乾
庚子年	坤	坎	離	巽	震	坤	離	艮	兌	艮	兌	乾
辛丑年	震	坤	坎	中	巽	震	坎	離	艮	離	艮	兌
壬寅年	巽	震	坤	乾	中	巽	坤	坎	離	坎	離	艮

	夏至			立秋			秋分			立冬		
	乙	丙	丁	乙	丙	丁	乙	丙	丁	乙	丙	丁
癸卯年	中	巽	震	兌	乾	中	震	坤	坎	坤	坎	離
甲辰年	中	中	巽	兌	兌	乾	震	震	坤	坤	坤	坎
乙巳年	乾	中	巽	艮	兌	乾	巽	震	坤	震	坤	坎
丙午年	兌	乾	中	離	艮	兌	中	巽	震	巽	震	坤
丁未年	艮	兌	乾	坎	離	艮	乾	中	巽	中	巽	震
戊申年	離	艮	兌	坤	坎	離	兌	乾	中	乾	中	巽

月神取月建三合者

月	天道 諸事皆宜	天德 仝上	月德 仝上	天德合 仝上	月德合 仝上	月空 仝上	三合 仝上	五富
正	南	丁	丙	壬	辛	壬	午戌	亥
二	西南	坤	甲		己	庚	未亥	寅
三	北	壬	壬	丁	丁	丙	子申	巳
四	西	辛	庚	丙	乙	甲	丑酉	申
五	西北	乾	丙		辛	壬	寅戌	亥
六	東	甲	甲	己	己	庚	卯亥	寅
七	北	癸	壬	戊	丁	丙	子辰	巳
八	東北	艮	庚		乙	甲	丑巳	申
九	南	丙	丙	辛	辛	壬	寅午	亥
十	東	乙	甲	庚	己	庚	卯未	寅
十一	東南	巽	壬		丁	丙	辰申	巳
十二	西	庚	庚	乙	乙	甲	巳酉	申

		正	二	三	四	五	六	七	八	九	十	十一	十二
臨日		午	亥	申	丑	戌	卯	子	巳	寅	未	辰	酉
驛馬	天后	申	巳	寅	亥	申	巳	寅	亥	申	巳	寅	亥
刼煞	諸事不宜	亥	申	巳	寅	亥	申	巳	寅	亥	申	巳	寅
災煞	天火　仝上	子	酉	午	卯	子	酉	午	卯	子	酉	午	卯
月煞	月虛　仝上	丑	戌	未	辰	丑	戌	未	辰	丑	戌	未	辰
大時	大敗　咸池　諸事不宜疊吉神免强可用	卯	子	酉	午	卯	子	酉	午	卯	子	酉	午
遊禍		巳	寅	亥	申	巳	寅	亥	申	巳	寅	亥	申
天吏	致死　諸事不宜	酉	午	卯	子	酉	午	卯	子	酉	午	卯	子

九空	辰丑戌未	辰丑戌未	辰丑戌未	
月刑 諸事不宜若與吉神併只忌安撫療病耳餘俱可用	巳子辰	申午丑	寅酉未	亥卯戌
月神隨四序者	春	夏	秋	冬
天赦 諸事皆宜	戊寅	甲午	戊申	甲子
毋倉 仝上	亥子土王後巳午	寅卯土王後巳午	辰戌丑未土王後巳午	申酉土王後巳午
四相 仝上	丙丁	戊己	壬癸	甲乙
時德 仝上	午	辰	子	寅
三合 仝上	寅	巳	申	亥

官日	卯	午	酉	子
守日	辰	未	戌	丑
相日	巳	申	亥	寅
民日	午	酉	子	卯
四擊	戌	丑	辰	未
四忌　諸事不宜雖與月德天德合月德合併猶忌惟正月與天願併	甲子	丙子	庚子	壬子
	龍	鳥	虎	蛇
四窮　止忌安撫出師耳餘皆不忌四窮與四忌同用	乙亥	丁亥	辛亥	癸亥
四耗	壬子	乙卯	戊午	辛酉
四廢　諸事不宜	庚申辛酉	壬子癸亥	甲寅乙卯	丙午丁巳

五虛	巳	酉	丑	申	子	辰	亥	卯	未	寅	午	戌
八風	丁丑	丁巳	甲辰	甲申	丁未	丁亥	甲戌	甲寅				

月神隨月建順行者

	正	二	三	四	五	六	七	八	九	十	十一	十二
建 兵福 小時 土府	寅	卯	辰	巳	午	未	申	酉	戌	亥	子	丑
除 吉期	卯	辰	巳	午	未	申	酉	戌	亥	子	丑	寅
滿 天巫 福德 宜修宮室倉庫等小吉神也	辰	巳	午	未	申	酉	戌	亥	子	丑	寅	卯
平 陽月天罡 陰月河魁 死神	巳	午	未	申	酉	戌	亥	子	丑	寅	卯	辰
定 時陰 死氣	午	未	申	酉	戌	亥	子	丑	寅	卯	辰	巳

	正	二	三	四	五	六	七	八	九	十	十一	十二
執　小耗	未	申	酉	戌	亥	子	丑	寅	卯	辰	巳	午
破　大耗　諸事不宜	申	酉	戌	亥	子	丑	寅	卯	辰	巳	午	未
危　吉日	酉	戌	亥	子	丑	寅	卯	辰	巳	午	未	申
成　天喜　天醫　吉日	戌	亥	子	丑	寅	卯	辰	巳	午	未	申	酉
收　陽月河魁　陰月天罡	亥	子	丑	寅	卯	辰	巳	午	未	申	酉	戌
開　時陽　生氣　吉日	子	丑	寅	卯	辰	巳	午	未	申	酉	戌	亥
閉　血支　宜補垣塞穴	丑	寅	卯	辰	巳	午	未	申	酉	戌	亥	子

月神隨建旺取墓辰者

五墓 諸事不宜五月十一月 與月德併則不忌

正	二	三	四	五	六	七	八	九	十	十一	十二
乙未	乙未	戊辰	丙戌	丙戌	戊辰	辛丑	辛丑	戊辰	壬辰	壬辰	戊辰

月神隨月建三合逆行一方者

九坎 九焦

正	二	三	四	五	六	七	八	九	十	十一	十二
辰	丑	戌	未	卯	子	酉	午	寅	亥	申	巳

月神隨四序行三合者

土符 忌動土與修如與德合天赦天願併猶忌

正	二	三	四	五	六	七	八	九	十	十一	十二
丑	巳	酉	寅	午	戌	卯	未	亥	辰	申	子

月神隨四時行三合納甲者

	正	二	三	四	五	六	七	八	九	十	十一	十二
地囊 與土符同	庚子 庚午	乙未 癸丑	甲子 壬午	己卯 己酉	甲辰 壬戌	丙辰 丙戌	丁巳 丁亥	丙寅 丙申	辛丑 辛未	戊寅 戊申	辛卯 辛酉	乙卯 癸酉

月神隨月建行納甲六辰者

	正	二	三	四	五	六	七	八	九	十	十一	十二
陽德 小吉神	戌	子	寅	辰	午	申	戌	子	寅	辰	午	申
陰德 仝上	酉	未	巳	卯	丑	亥	酉	未	巳	卯	丑	亥
天馬 仝上	午	申	戌	子	寅	辰	午	申	戌	子	寅	辰
兵禁	寅	子	戌	申	午	辰	寅	子	戌	申	午	辰

月神隨月建逆行一方者

	正	二	三	四	五	六	七	八	九	十	十一	十二
大煞忌選將出兵忌修造上樑安葬但不忌 月神隨月建三合順行一方者	戌	巳	午	未	寅	卯	辰	亥	子	丑	申	酉

	正	二	三	四	五	六	七	八	九	十	十一	十二
往亡 月神隨孟仲季順行三支者	寅	巳	申	亥	卯	午	酉	子	辰	未	戌	丑

	正	二	三	四	五	六	七	八	九	十	十一	十二
歸忌 月神隨月建陰陽順行六辰者	丑	寅	子	丑	寅	子	丑	寅	子	丑	寅	子

	正	二	三	四	五	六	七	八	九	十	十一	十二
要安 宜安神	寅	申	卯	酉	辰	戌	巳	亥	午	子	未	丑
玉宇 宜修祠宇	卯	酉	辰	戌	巳	亥	午	子	未	丑	申	寅
金堂 仝上	辰	戌	巳	亥	午	子	未	丑	申	寅	酉	卯
敬安 宜安神	未	丑	申	寅	酉	卯	戌	辰	亥	巳	子	午
普護 宜祭祀祈福	申	寅	酉	卯	戌	辰	亥	巳	子	午	丑	未
福生 仝上	酉	卯	戌	辰	亥	巳	子	午	丑	未	寅	申
聖心 仝上	亥	巳	子	午	丑	未	寅	申	卯	酉	辰	戌
益後 仝上	子	午	丑	未	寅	申	卯	酉	辰	戌	巳	亥

續世 血忌仝上	丑	未	寅	申	卯	酉	辰	戌	巳	亥	午	子
月神隨月將逆行者	正	二	三	四	五	六	七	八	九	十	十一	十二
六合 諸事皆宜	亥	戌	酉	申	未	午	巳	辰	卯	寅	丑	子
天願 諸事皆宜小吉神也	乙亥	甲戌	乙酉	丙申	丁未	戊午	己巳	庚辰	辛卯	壬寅	癸丑	甲子
兵吉	子丑寅卯	亥子丑寅	戌亥子丑	酉戌亥子	申酉戌亥	未申酉戌	午未申酉	巳午未申	辰巳午未	卯辰巳午	寅卯辰巳	丑寅卯辰
六儀 厭對 招搖 宜臨政	辰	卯	寅	丑	子	亥	戌	酉	申	未	午	巳
天倉 小吉神	寅	丑	子	亥	戌	酉	申	未	午	巳	辰	卯
月害 諸事不宜或疊吉神併三合則免强可用耳即六合之冲也	巳	辰	卯	寅	丑	子	亥	戌	酉	申	未	午

月厭　地火	戌	酉	申	未	午	巳	辰	卯	寅	丑	子	亥
天賊　忌修倉庫與德合併猶忌赦願併同	丑	子	亥	戌	酉	申	未	午	巳	辰	卯	寅

月神隨月建行陰陽六辰者

	正	二	三	四	五	六	七	八	九	十	十一	十二
青龍　與吉神併則吉與凶神併則凶吉凶不甚應也	子	寅	辰	午	申	戌	子	寅	辰	午	申	戌
明堂　與青龍同	丑	卯	巳	未	酉	亥	丑	卯	巳	未	酉	亥
天刑　與凶神併則凶與吉神併則無礙	寅	辰	午	申	戌	子	寅	辰	午	申	戌	子
朱雀　與天刑同	卯	巳	未	酉	亥	丑	卯	巳	未	酉	亥	丑
金匱　與青龍同	辰	午	申	戌	子	寅	辰	午	申	戌	子	寅

天德 小吉神與上天月二德有別	巳	未	酉	亥	丑	卯	巳	未	酉	亥	丑	卯
白虎 與天刑同	午	申	戌	子	寅	辰	午	申	戌	子	寅	辰
玉堂 與青龍同	未	酉	亥	丑	卯	巳	未	酉	亥	丑	卯	巳
天牢 與天刑同	申	戌	子	寅	辰	午	申	戌	子	寅	辰	午
元武 與天刑同	酉	亥	丑	卯	巳	未	酉	亥	丑	卯	巳	未
司命 與青龍同	戌	子	寅	辰	午	申	戌	子	寅	辰	午	申
勾陳 與天刑同	亥	丑	卯	巳	未	酉	亥	丑	卯	巳	未	酉
解神 宜解除等故宜神與月破併	申	申	戌	戌	子	子	寅	寅	辰	辰	午	午

月神取月建生比者

	正	二	三	四	五	六	七	八	九	十	十一	十二
月恩 諸事皆宜	丙	丁	戊	己	戊	辛	壬	癸	庚	乙	甲	辛
復日 忌破土安葬與吉神併不忌矣吉事皆宜	甲	乙	戊	丙	丁	巳	庚	辛	戊	壬	癸	巳

月神從獄建起者

	正	一	三	四	五	六	七	八	九	十	十一	十二
不將 諸事皆宜	丙寅	乙丑	甲子	甲子	癸酉	壬申	壬申	戊辰	戊辰	己巳	丁卯	丙寅
	丁卯	丙寅	乙丑	甲戌	甲戌	壬戌	癸酉	辛未	庚午	庚午	己巳	丁卯
	丙子	乙亥	甲戌	乙亥	乙亥	癸酉	壬午	壬申	辛未	己卯	丁丑	丙子
	丁丑	丙子	乙亥	丙子	癸未	甲戌	癸未	戊午	庚辰	庚辰	己卯	丁丑

己卯丁丑丙子甲申甲申甲申壬午甲申辛巳辛巳辛巳庚辰己卯

丁亥丙戌丁丑乙酉乙酉癸未乙酉壬午壬午壬午辛巳庚辰

己丑丁亥乙酉丙戌丙戌甲申癸巳癸未癸未庚寅己丑己丑

庚寅己丑丙戌丁亥乙未乙酉甲午甲申辛卯辛卯庚寅庚寅

辛卯庚寅丁亥戊子丙申甲午乙未壬辰壬辰壬辰辛卯辛卯

己亥己亥己丑丙申戊戌乙未乙巳癸巳癸巳癸巳壬辰庚子

庚子庚子丁酉丁酉戊申戊戌戊申甲午癸卯壬寅辛丑辛丑

辛丑庚戌己亥戊戌癸亥戊寅戊午甲辰戊午癸卯壬寅丙辰

辛亥 己酉戊申 戊午 戊申 丁巳

已下十二条凶神諸事不宜若遇吉神多者亦免強用耳

	大會	小會	行狠	了戾	孤辰	單陰	純陽	孤陽
正	甲戌							
二	乙酉	己卯						
三		戊辰	甲申	丙申	戊申 庚申 壬申	戊辰		
四		己巳	乙未	丁未	己未 辛未 癸未		己巳	
五	丙午	戊午						
六	丁巳							
七	庚辰							
八	辛卯	己酉						
九		戊戌	庚寅	壬寅	甲寅 丙寅 戊寅			戊辰
十		己亥	辛丑	癸丑	乙丑 丁丑 己丑			
十一	壬子	戊子						
十二	癸亥							

純陰	歲薄	逐陣	陰陽交破	陰陽擊衝	陽破陰衝	陰位	陰道衝陽	三陰
								辛酉
							己酉	
						庚辰		
	丙午 戊午		癸亥					
				壬子				
		丙午 戊午			癸丑			
								乙卯
							己卯	
						甲戌		
己亥	壬子 戊子		丁巳					
				丙午				
		壬子 戊子			丁未			

	陽錯	陰錯	陰陽俱錯	絶陰	絶陽	日神取一定干支者	天恩 諸事皆宜	
正	甲寅	庚戌					甲子	辛巳
二	乙卯	辛酉						
三	甲辰	庚申					乙丑	壬午
四	丁巳 己巳	丁未 己未		戊辰				
五			丙午				丙寅	癸未
六	丁未 己未	丁巳 己巳						
七	庚申	甲辰					丁卯	己酉
八	辛酉	乙卯						
九	庚戌	甲寅					戊辰	庚戌
十	癸亥	癸丑			戊戌			
十一			壬子				己卯	辛亥
十二	癸丑	癸亥					庚辰	壬子

同上
五合宜結婚等
除神五離○忌結婚等與六德併則不忌
鳴吠宜破土安葬
鳴吠對宜破土啟攢
寶日與吉神宜安撫出師等

癸
寅卯
申酉
甲午丙午庚午壬午甲申丙申庚申
壬申乙酉丁酉已酉辛酉癸酉
丙子庚子壬子甲寅丙寅庚寅壬寅
乙卯丁卯辛卯癸卯
丁丑丙戌甲午庚子壬寅癸卯乙巳
丁未戊申已酉辛亥丙辰

義日 仝寶日	甲子丙寅丁卯己巳辛未壬申癸酉
	乙亥庚辰辛丑庚戌戊午
制日 仝上	乙丑甲戌壬午戊子庚寅辛卯癸巳
	乙未丙申丁酉己亥甲辰
專日 與八專同	戊辰己丑戊戌丙午壬子甲寅乙卯
	丁巳己未庚申辛酉癸亥
伐日 與八專仝	庚午丙子戊寅己卯辛巳癸未甲申
	乙酉丁亥壬辰癸丑壬戌
八專 忌結婚等與德併 止忌訓將出師	甲寅丁未己未庚申癸丑

觸水龍 忌取魚渡水與德併猶忌

丙子　癸未　癸丑

無祿 與德併不得謂之無祿忌修葺等

甲辰　乙巳　丙申　丁亥　戊戌　己丑　庚辰
辛巳　壬申　癸亥

重日 吉事皆宜凶事俱忌若併吉神則不忌

巳亥

日神按年取干支者

上朔 諸事不宜與德併猶忌止不忌祭祀

甲年癸亥	乙年己巳	丙年乙亥
丁年辛巳	戊年丁亥	己年癸巳
庚年己亥	辛年乙巳	壬年辛亥
癸年丁巳		

理氣明原　卷六利用合璧　完

日神按月取日數者

長星 忌進人口交易等	正月七日	一月四日	三月一日	四月九日
	五月十五日	六月十日	七月八日	八月六日五日
	九月三日四日	十月一日	十一月十二日	十二月九日
短星 仝上	正月二十一日	一月十九日	三月十六日	四月二十五日
	五月二十五日	六月二十日	七月二十二日	八月十八日十九日
	九月十六日十七日	十月十四日	十一月二十二日	十二月二十五日

日神按月朔取日數者

反支	子丑朔六日	寅卯朔五日	辰巳朔四日

午未朔三日　申酉朔二日　戌亥朔一日

日神按節氣取日數者

四離（諸事不宜或遇所宜之神則不忌也）　冬至　夏至　春分　秋分　各前一日

四絶（與四離同）　立春　立夏　立秋　立冬　各前一日

氣往亡（與往亡仝）　立春後七日　驚蟄後十四日　清明後二十一日

立夏後八日　芒種後十六日　小暑後二十四日

立秋後九日　白露後十八日　寒露後二十七日

立冬後十日　大雪後二十日　小寒後三十日

時神從日干起者

		甲	乙	丙	丁	戊	己	庚	辛	壬	癸
日干		甲	乙	丙	丁	戊	己	庚	辛	壬	癸
日祿	諸事皆宜	寅	卯	巳	午	巳	午	申	酉	亥	子
天乙貴人	諸事皆宜	未丑	申子	酉亥	亥酉	丑未	子申	丑未	寅午	卯巳	巳卯
喜神	諸事皆宜	寅	戌	申	午	辰	寅	戌	申	午	辰
天官貴人	諸事皆宜	酉	申	子	亥	卯	寅	午	巳	未丑	辰戌
福星貴人	諸事皆宜	寅	丑亥	子戌	酉	申	未	午	巳	辰	卯
五不遇時	凶	午	巳	辰	卯	寅	丑亥	子戌	酉	申	未
路空	凶	申酉	午未	辰巳	寅卯	子丑戌亥	申酉	午未	辰巳	寅卯	子丑戌亥

時神從日支起者

日支	子	丑	寅	卯	辰	巳	午	未	申	酉	戌	亥
日建 吉	子	丑	寅	卯	辰	巳	午	未	申	酉	戌	亥
日合 吉	丑	子	亥	戌	酉	申	未	午	巳	辰	卯	寅
日馬 吉	寅	亥	申	巳	寅	亥	申	巳	寅	亥	申	巳
日破 凶	午	未	申	酉	戌	亥	子	丑	寅	卯	辰	巳
日害 凶	未	午	巳	辰	卯	寅	丑	子	亥	戌	酉	申
日刑 凶	卯	戌	巳	子	辰	申	午	丑	寅	酉	未	亥
青龍 吉	申	戌	子	寅	辰	午	申	戌	子	寅	辰	午
明堂 吉	酉	亥	丑	卯	巳	未	酉	亥	丑	卯	巳	未

日支	子	丑	寅	卯	辰	巳	午	未	申	酉	戌	亥
天刑 與凶神併則凶與吉神併則吉	戌	子	寅	辰	午	申	戌	子	寅	辰	午	申
朱雀 仝上	亥	丑	卯	巳	未	酉	亥	丑	卯	巳	未	酉
金匱 逢吉神則吉	子	寅	辰	午	申	戌	子	寅	辰	午	申	戌
寶光 仝上	丑	卯	巳	未	酉	亥	丑	卯	巳	未	酉	亥
白虎 與天刑同	寅	辰	午	申	戌	子	寅	辰	午	申	戌	子
玉堂 與金匱同	卯	巳	未	酉	亥	丑	卯	巳	未	酉	亥	丑
天牢 與天刑同	辰	午	申	戌	子	寅	辰	午	申	戌	子	寅
元武 與天刑同	巳	未	酉	亥	丑	卯	巳	未	酉	亥	丑	卯

司命 與金匱仝　午申戌子寅辰午申戌子寅辰

勾陳 與天刑仝　未酉亥丑卯巳未酉亥丑卯巳

時神隨月將者

四大吉時 諸事皆宜

雨水	甲丙庚壬
春分	艮巽坤乾
穀雨	癸乙丁辛
小滿	甲丙庚壬
夏至	艮巽坤乾
大暑	癸乙丁辛
處暑	甲丙庚壬
秋分	艮巽坤乾
霜降	癸乙丁辛
小雪	甲丙庚壬
冬至	艮巽坤乾
大寒	癸乙丁辛

時神隨月將及日干支者

貴登天門時 諸事皆宜

	甲日旦	甲日夕	乙日旦	乙日夕
雨水	卯	酉	戌	戌
春分	酉	寅	酉	酉
穀雨	申	丑	申	卯
小滿	未	子	未	寅
夏至	午	亥	午	丑
大暑	巳	戌	巳	子
處暑	辰		辰	亥
秋分			卯	
霜降				
小雪				
冬至				
大寒				

日	旦	夕
丙日	戌酉申未午巳辰	亥戌卯寅丑子
丁日	酉申未午巳辰卯	丑子亥卯寅
戊庚日	酉申未午巳辰卯	卯寅丑子亥戌酉
己日	酉申未午巳辰卯	寅丑子亥戌卯
辛日	申未午巳辰卯	卯寅丑子亥戌酉
壬日	未午巳辰卯寅申	寅丑子亥戌酉
癸日	巳辰卯寅酉申未午	寅丑子亥戌酉申

九醜　諸事不宜

戊子日	
子	雨水
亥	春分
戌	穀雨
酉	小滿
申	夏至
未	大暑
午	處暑
巳	秋分
辰	霜降
卯	小雪
寅	冬至
丑	大寒

戊午日	午	巳	辰	卯	寅	丑	子	亥	戌	酉	申	未
壬子日	子	亥	戌	酉	申	未	午	巳	辰	卯	寅	丑
壬午日	午	巳	辰	卯	寅	丑	子	亥	戌	酉	申	未
乙卯日	酉	申	未	午	巳	辰	卯	寅	丑	子	亥	戌
己卯日	酉	申	未	午	巳	辰	卯	寅	丑	子	亥	戌
辛卯日	酉	申	未	午	巳	辰	卯	寅	丑	子	亥	戌
乙酉日	卯	寅	丑	子	亥	戌	酉	申	未	午	巳	辰
己酉日	卯	寅	丑	子	亥	戌	酉	申	未	午	巳	辰
辛酉日	卯	寅	丑	子	亥	戌	酉	申	未	午	巳	辰

時神隨日六旬者

旬空

甲子旬戌亥　甲戌旬申酉　甲申旬午未

甲午旬辰巳　甲辰旬寅卯　甲寅旬子丑

按通書云。本命日不宜用事。諸歷皆無明說。惟見道藏經。今選擇家通忌天尅地衝年月日時。如甲子忌庚午之數。並忌天比地衝年月日時。如甲子忌甲午之數。起例又忌葬日納音尅化命納音。而地支相衝者。與篇內戊午忌丙子日者相合。且表於後。天尅地衝。天比地衝顯而易明。故不列表。

甲子忌戊午　乙丑忌己未　丙寅忌甲申
丁卯忌乙酉　戊辰忌庚戌　己巳忌辛亥
庚午忌壬子　辛未忌癸丑　壬申忌丙寅
癸酉忌丁卯　甲戌忌壬辰　乙亥忌癸巳
丙子忌庚午　丁丑忌辛未　戊寅忌庚申
己卯忌辛酉　庚辰忌甲戌　辛巳忌乙亥
壬午忌甲子　癸未忌乙丑　甲申忌戊寅
乙酉忌己卯　丙戌忌戊辰　丁亥忌己巳
戊子忌丙午　己丑忌丁未　庚寅忌壬申

辛卯忌癸酉　壬辰忌丙戌　癸巳忌丁亥
甲午忌戊子　乙未忌己丑　丙申忌甲寅
丁酉忌乙卯　戊戌忌庚辰　己亥忌辛巳
庚子忌壬午　辛丑忌癸未　壬寅忌丙申
癸卯忌丁酉　甲辰忌壬戌　乙巳忌癸亥
丙午忌庚子　丁未忌辛丑　戊申忌庚寅
己酉忌辛卯　庚戌忌甲辰　辛亥忌乙巳
壬子忌甲午　癸丑忌乙未　甲寅忌戊申
乙卯忌己酉　丙辰忌戊戌　丁巳忌己亥

戊午忌丙子　己未忌丁丑　庚申忌壬寅
辛酉忌癸卯　壬戌忌丙辰　癸亥忌丁巳

按協紀辨方謂宗鏡用日法專取旺相自爲一家之言而與建除叢辰諸家亦不相背甚爲可取然其論戊己日則謂辰戌丑未月日忌修中宮者是謂動土最忌者非論四廢日則以正四廢爲凶者是以傍四廢爲凶者非荒蕪日即五虛日以忌百事爲謬者是謂一月止忌一字者非蓋古人造葬四柱取全局故春月忌巳酉丑及庚辛申酉年月

日時卯月酉衝故尤忌非謂見一字之即爲荒廢也且又有比肩相扶之法亦非概以荒廢爲凶觀其謂子午卯酉爲轉煞而又載古人之不忌以爲明徵其義可見至其以寅月甲日卯月乙日爲得令得祿則醇乎其醇勝於復日之義遠矣總之日神吉凶皆以生旺爲主四時五行至爲活變當與宜忌參看則輕重取舍甚明至以年時合成八字則又非宜忌之所能盡神而明之存乎其人耳

理氣溯源卷六下目録補龍格

博約篇

水龍四局合璧

木龍五局合璧

火龍四局合璧

金龍五局合璧

土龍六局合璧

陽宅五局合璧

附沈雲門形氣畧

補龍格 博約篇

協紀辨方謂邱平甫有歌曰。先觀風水定其蹤。次看年月要相同。吉凶合理泰元妙。好向山家覓旺龍。

又曰。補龍之法。千古不易之論。

協紀又曰。不問陽宅。陰宅。至結穴處。必有一線小脉。細細察定。即以羅經格之。屬木則用亥卯未局。屬水土則用申子辰局。屬火則用寅午戌局。屬金則用巳酉丑局。或印局生之亦可。龍雄帶煞。宜用財局。格龍俱用正五行。如甲乙屬木。子丑屬水。乾屬金。巽屬木。

坤艮俱屬土之類補龍之衰旺立向則觀三元氣運選擇則看月合故補龍者必於三合月或臨官月墓月亦作旺月非衰病死之例也蓋丑宮有辛金未宮有乙木辰宮有癸水戌宮有丁火固知四墓之旺而非衰也故三合用之卽三月內凶神占方則臨官月可用名曰三合兼臨官地支一氣局或四生四旺不用四墓三合字不必全二字亦可但選擇不可重向上之一字嫌其與坐家相冲也但淨陰淨陽有謂立向選擇宜隨此用方與造命歌不溷雜之句無違但

舊課亦不甚拘淨陰淨陽之說只以補龍多用地支。補主命多用天干。或與命比肩一氣。或合宫或合財或合祿馬貴人。又或天干合命。而祿馬貴人到山到向。而地支又補龍脉則上上之局也。獨唐一行禪師。宋託長老。皆以四柱納音補龍協紀亦謂其甚有應驗。但不如地支之有力。又謂有論納音者。其法不論本龍之納音。而於龍之墓上起納音論生尅。沅意謂百二分金。亦以納音論龍之生尅。但不能以分金之納音專作三合局也。蓋補龍之法。與放水之長生不

同格龍只論龍之屬水者則長于申旺于子墓于辰乃爲三合餘同此推欲明其理可於考原處查之便了然矣

水龍四局合壁

亥壬子癸四龍屬水水生於申旺于子墓于辰故申子辰三合水爲旺局上吉以臨官在亥亦吉己酉丑爲印局亦吉若用亥卯未爲洩局凶辰戌丑未爲鬼煞局尤凶用水局而得壬癸庚辛干尤妙

亥龍乾山巽向　此課論陰宅

亥龍乾山巽向。宜兼亥巳四度半至七度○二十線爲上吉。即壬戌癸巳分金也。納音是金生水。正得金水相生。補龍又與坐家乾宫金水相涵。爲扶山之義也。更亥龍以己爲騶馬貴人。壬以亥爲祿元貴人。謂之祿馬貴人格。况乾宫以兌爲貪狼。兌納丁巳丑。故兼得八貴之義。論峰巒砂手。以兌峰貪狼爲上吉。金生水也。坎位次之。雖是文曲。仍得比旺。况子位是三合水。丑是八貴位。壬是比旺鄉。庚峰亦吉。震爲巨門。震納庚亥未。故庚得六秀。又復相生比旺。故亦上吉。

其餘艮甲未。雖爲三吉六秀八貴。功過只可相抵。究
嫌其尅洩也。如兼亥巳度半至四度半。係庚戌辛巳
分金亦吉。納音是土生金。金生水也。庚亦爲八貴。但
不及壬耳。倘選擇天星坐度不合壬戌線。或用庚戌
亦可。若兼戌辰。只可用甲戌甲辰分金。用財局。亦嫌
其與坐家相尅也。論卦例以先後天體用而言。壬戌
分金先天漸五爻。至蹇四爻。照九星漸爲破軍。蹇爲
巨門後天姤五爻。至訟四爻。則是申戌寅辰午午。卽
以生尅計之。綫度則用申辰。此二爻之線爲妙。向家

先天歸妹五爻。至睽四爻。亦同破軍巨門例。後天益五爻。至家人四爻。則是巳卯卯丑亥未用巳恰與申。用丑恰與辰。最好用亥線中吉。餘皆倣此論水法。來水內庚爲上吉養。水之位。而又比旺也。未坤次之。雖是長生三合。惡其洩耳。宜聚于辰。去于艮寅。死病水也。武曲水也。若左水倒右。乙辰水來。午丁未水去。亦吉。來是生旺。去是沐浴也。協紀載會文廸公有與丁亥亡命。用壬寅年。壬寅月。壬寅日。壬寅時。後八子入朝。取丁與壬合。以丁命言之爲合官。又四點壬祿到亥龍四寅與亥命合又與亥龍合妙甚又有用癸亥年甲子月甲申日乙亥時後發甲貴顯此以申子三合局補亥龍而用二亥爲臨官也所以立向宜兼巳亥之故如金木火土龍則又當別論矣餘倣此

亥龍壬山丙向　論陰宅

亥龍壬山丙向宜兼亥巳爲祿馬同宮正格分金宜用丙子丙午甲子甲午俱上吉丙子爲旺局線甲子爲印局線補龍扶山法也坐山爲坎宮以震爲武曲震納庚亥未故亥爲八貴也坎以艮爲巨門艮納丙

故丙為六秀也。峰巒再得巽辛，為三吉六秀八貴俱全，為上上吉地。立線自度半至七度均可用也。但選擇能於小雪後，大雪前之內十五天，得以吊合帝星，眞妙不可言。故協紀有楊筠松亥龍壬山丙向之課用辛亥年，庚子月，丙申日，丙申時，後出丞相。此以申子亥水局補亥龍，三合兼臨官局，又辛庚丙俱與三吉六秀八貴之義暗合，上上吉課也。若兼午子，只用戊子戊午火財局，至度半而止，餘皆落凶矣。左水倒右，宜寅水來長生巨門水也，宜庚酉水去死病水也。

廉貞水也。謂之納財局水。右水倒左。只乾水來中吉。墓水也。文曲雖非上吉。然金水局可用。去水宜卯乙浴沐水也。武曲水也。謂之納印局。論卦是否泰需晋四卦。陽宅更宜于陰宅。如兼至七度二十分。則爲謙履六爻。得貪狼之氣。又逢戌未線爲八貴。更合。或用巳申線亦合。水生木之義。總宜金水線以生旺爲佳耳。難以盡載。可於考原查之便了然矣。至選擇合吉星到向到坐。可於黄道經星。與用課之時刻分數。吊合。方爲要妙。其法立于丙龍甲山庚向可查而譜之。

壬龍子山午向 論陰宅

壬龍子山午向宜兼壬丙度半至七度丙子丙午分金屬水旺局上吉甲子甲午分金屬金印局次吉戊子戊午分金屬火財局亦吉若兼癸丁度半而已餘俱洩局煞局也峰巒水法與上壬山丙向大同小異耳但必要觀其峰巒砂在何方位始爲一定之局如遇申峰則立甲子正局兼七度爲子線納正申子辰局也如論卦先天則居豫小畜後天則坐屯初爻大小遊年俱吉恰納子線向鼎初爻亦大小遊年俱吉

初爻則納丑線亦無碍也。凡選擇如用支。均宜子亥等字爲佳。用干則宜壬癸等字。如辰宮十七度與十一度。有高峰是正八煞方。忌立此向也。慎之慎之。按協紀載楊筠松取四癸亥。後多貴顯。蓋四亥乃壬龍祿元。又癸祿到子山。名臨官格。又名聚祿格。又名支干一氣格。妙甚。壬命非戊則癸。或子俱妙。楊筠松又以此龍山向擇壬申年。戊申月。壬申日。戊申時。後亦大貴。此取壬龍四長生居申也。又兩干不雜。支神一氣。此丁巳亡命。丁與壬合官格。又巳與申合水。與龍比旺也。又謂寅生之人皆夭折。蓋與四申相沖云。

子龍艮山坤向因協紀亦有此課故將其用亦照立也論陰宅

子龍艮山坤向。宜寅申四度半至七度。其餘不能用。舊盆癸丑癸未分金屬水生木。扶龍洩穴重龍而不重穴也。新盆壬寅分金屬金。癸未是水生木。更合此義。峰巒宜得乾峰。合龍家坎位。與前案山並爲三吉方。爲上吉也。故曾文廸取癸巳年。丁巳月。癸酉日。癸丑時。後代貴顯。此因艮山坤向俱屬土。能尅子龍之水。故不用申子辰局。而用巳酉丑金局。以生子水。而洩土氣也。又三點癸祿到子。亦謂重龍而不重坐山也。又謂主命非癸則戊。或戊子命尤妙。蓋欲其與龍山俱有氣也。今之擇家。不問來龍。只用山向取課危矣哉。論卦爻。宜用寅申宮二十五度。先天卦坐震向巽爲輔弼卦。後天坐頤向升。小遊年爲天醫吉。六爻是納酉屬金。亦補龍也。最忌辰位有高峰。切不可用也。因古課古向亦有此。故亦譜之。必要峰巒砂水俱有可合之妙。方可用耳。幸勿輕試招凶可也。

癸龍亥山巳向　協紀無此課亦論陰宅

癸龍本宜立壬丙向。子午向。爲上吉。因兩向已有程式。故特議立是向以爲譜略耳。亥山巳向宜兼壬丙。亦上吉向也。名爲祿馬同宮副局。宜癸巳癸亥分金屬水上吉。辛亥辛巳分金屬金亦吉。若兼乾巽乙亥乙巳分金次吉。用意與壬山丙向大同小異耳。峰巒艮兌爲上吉。武曲貪狼也。兌屬金。以生水也。丁亦吉。與壬合也。若酉丑兩峰。與巳案成三合金局。以生癸龍成上吉地也。選擇宜于小雪後大雪前。吊合帝星到宫。并合卦爻。可謂四法俱備矣。卦爻先天謙履屬貪狼生氣。後天小畜否屬祿廉。向宜一三爻吉。坐宜一四爻亦吉。總宜選擇吊合之方為全美。用之者當活看可也。

木龍五局合璧

寅甲卯乙巽五龍屬木。生亥旺卯墓未。以亥卯未為旺局上吉。臨官在寅。以申子辰為印局亦吉。巳酉丑為煞局。寅午戌為洩局皆凶。喜壬癸干。

寅龍甲山庚向（論陰宅協紀無此課前曾為族兄雲史遷塋伊子卜干神亦吉）

該山寅龍入首。去水在辛戌之間。本身汗脉水由巽巳位發原與左水三支全會于申而聚于庚故議立甲山庚向兼寅申一度二十分戊寅戊申分金屬土是納財局中吉是爲地下三奇祿馬格即地下三奇甲戊庚也是年歲破在寅故不能坐歲破用甲寅水線將近大寒選擇吉星又復不合故權用財局亦吉取其金藏土中不尅寅龍又寅爲庚之貴人庚向以巽巳爲長生會於官祿去水爲衰敗之方照九星而論去水是破軍巨門之間而離高峰又爲艮之貪狼本年一白吉星在兌仙命一壬申一癸未生命兩乙丑以庚爲

天德而又乙與庚合故選擇以甲申年丁丑月癸酉日壬子時課取其天干六合地支六合日祿歸時格申子局以補龍也仙命有得長生有得歸祿又三合六合相主法也況子時正三刻爲太陽到庚方一度二十分之處此眞太陽雖入地亦吉也此課續補於甲申年

甲龍乙山辛向論陰宅

甲龍乙山辛向兼辰戌辛卯辛酉分金中吉宜兼卯酉乙卯乙酉分金屬水四度半至七度四十分水木相生線上吉己卯己酉線財局次吉喜壬峰申峰辰峰上

吉庚寅亥峰未峰甲峰亦吉離乾二峰次吉雖得三吉位嫌其洩也左水喜子壬來丁丙去右水喜申庚來戌乾去或丑艮去俱吉不過喜其來生旺死病去之義耳無贅解也古課會文廸有甲龍乙山辛向取庚寅年丁亥月辛卯日辛卯時課取三合兼臨官局也又賴布衣龍向同課亦取甲寅年丁卯月辛卯日己亥時亦用三合臨官局有卯龍乙山辛向課亦略同

卯龍亥山巳向 論陰宅

卯龍亥山巳向兼乾巽宜丁亥丁巳分金次吉兼壬丙宜癸亥癸巳分金亦吉即兼壬兼乾俱宜己亥己巳木音爲上吉課取用坤方秀氣亥子丑并于小雪左右吊合帝星爲上上吉課然古課有辛巳亡命取四辛以補辛命取四卯以補卯脉合山又用卯以冲動辛命之酉祿卯龍辛年五虎遁得辛卯木音以納音補納音也亦妙峰巒若未峰以應之或丁峰起祖尤妙先天以艮兌卦爲輔弼後天遯中孚爲武爲祿三爻更爲得局以其所納丑申也六爻亦吉用之者

無拘泥之。

乙龍甲山庚向 論陰宅

乙龍甲山庚向。宜兼卯酉。庚寅庚申分金。屬木上吉。以納音庚向。與乙龍則爲合宮。乙龍以卯爲祿元貴人。故不嫌其酉。以沖動貴人也。山與龍盡得震宮。向首庚。又爲震宮所納。無半毫凶線。若於驚蟄左右。吊合帝星。妙不可言。故楊筠松有取甲山庚向。用乙卯年。己卯月。庚寅日。己卯時。此單用臨官帝旺二位名官旺局。上吉課也。卯龍亦可用。不如乙龍之妙。先天

卦爲貢困後天爲小過爲兌向家則六爻皆吉坐家以五爻爲最吉并再取其亡命方能論定吉凶不過舉其大略耳

巽龍乙山辛向 論陰宅

巽龍乙山辛向宜兼卯酉上吉兼辰戌次吉與上甲龍全用乙辛向之用意不外如是但峰巒喜忌略有不同巽龍以辛家爲上吉又以坎爲最吉山與龍得貪狼武曲同宮且又與龍穴相生比旺故最吉其次莫如申又得八貴相生之義如離如乾皆有吉有凶

耳。朱夫子有巽龍乙山辛向之課。取庚寅年。戊寅月。癸卯日、甲寅時、用臨官帝旺局。又用天干三奇甲戊庚也。卯宮五度。先天卦以坎離爲弼、後天卦以雷火豐爲生氣。困卦雖屬廉貞。然用五爻則納亥比旺也。若兼辰。則用辰宮二十七度。恰合納甲之申子辰局。以生巽龍亦吉。可以類推。無作板局爲望。

火龍四局合璧

巳丙午丁四龍屬火。生寅旺午墓戌。臨官在巳、以寅午戌爲旺局上吉。亥卯未爲印局亦吉、巳酉丑爲財局次吉。申子辰爲煞局。辰戌丑未爲洩局俱凶。喜甲乙丙丁壬。

丙龍巳山亥向 論陰宅

丙龍巳山亥向。宜兼丙壬上吉。爲分金則用乙亥乙巳屬火上吉。己亥己巳分金屬木亦吉。蓋取其用旺局印局也。前篇癸龍之課。曾議立亥巳壬丙之向。然分金則不同矣。此用火局木局。彼用水局金局。豈可如地理大全耑用丙庚丁辛四十八向而已。若用丁亥辛亥。則爲洩局殺局。豈不悞耶。故立此向。俾知非可以板局用也故楊公有與人作丙龍巳山亥向用己巳年己巳月壬午日壬寅時是三合臨官局蓋丙龍祿在巳山亦在巳日時壬天干兼壬向貴人亦在巳山巳年月而地支用寅午三合所以補龍亦補山也如論卦爻線度則宜兼巽乾五度二線先天睽蹇卦為天醫後天家人訟卦四爻為本宮武曲祿存卦而納甲三合屬午未字與本龍成南方秀氣吉或兼一線三爻屬巳申中吉如或砂水不合則兼丙壬宜用己亥己巳分金亦可用也幸毋泥之

丙龍艮山坤向 論陰宅

凡因龍立向是不易之法也或砂水不相配合朝山又不相應故不立卯局旺局而轉立洩局亦可用也如丙龍作艮山坤向雖土能洩火氣而不知艮納丙爲同氣況兼寅申寅爲丙之長生用己丑分金屬火戊寅亦火或癸丑分金屬木用木以生火而尅土爲財更用兼一度二十分爲先天震巽卦爲輔弼後天頤井卦二三爻屬寅亥字相生比旺便成吉向用者不可過於拘泥賴公前作丙龍艮山坤向選擇取癸巳年丁巳

月庚午日戊寅時亦三合臨官局耳何常不可用乎
但兼丑未未免嫌其洩氣太過究不如兼寅申之穩
當也水法如左水倒右宜未水來子水去右水倒左
宜乾水來午水去所謂因水立向亦理之所有也

金龍五局合璧

申庚酉辛乾五龍屬金生巳旺酉墓丑臨官在申以
巳酉丑爲三合旺局上吉以辰戌丑未土爲印局然
嫌其相刑沖者多似有美中不足不如用亥卯未財
局雖次吉亦穩當也以申子辰爲洩局凶寅午戌爲

煞局尤凶也。喜庚辛戊己干。

酉龍酉山卯向　論陰宅

酉龍酉山卯向，宜兼辛乙一度十分。己酉己卯分金上吉。癸酉癸卯分金亦吉。蓋取辛祿到酉。又兼旺局耳。論卦則爲先天豐謙卦爲貪狼。後天大畜震卦爲祿存輔弼。三爻納辰酉合金上吉。豐困卦初爻納辰卯中吉。楊公葬課，有用甲申年，癸酉月，丁酉日，己酉時。賴公葬課，有用辛酉年，辛丑月，辛丑日，癸巳時。一取其天干合土地支旺局。一取其三祿到酉，地支會局，均是補龍補穴之法也。

辛龍乾山巽向論陰宅

辛龍乾山巽向。兼戌辰可用。兼巳亥亦可用也。兼巳可作巳酉丑金局。以補山補龍。向辰只可作丑未辰戌土局補龍。不能作申子辰局以洩龍也。曾文辿有辛龍作乾山巽向。取丁酉年。己酉月。甲申日。己巳時。蓋取其天干合土。生龍生穴。地支三合補龍。又巽爲辛所納。甲爲乾所納。故吉也。又課用己酉年。癸酉月。壬申日。乙巳時。亦取其三合兼臨官也。雖是陰府有金局制之。故無妨用耳。若兼辰戌。以兼兩度爲吉。蓋取丙戊丁巳屬土生金。又先天中孚小過。後天无妄巽卦四爻。納午未吉位也。如兼巳亥。則宜兼二度。是合庚戌辛巳分金屬金。比旺。先天歸妹漸卦爲破。後天姤益卦二二爻中吉。水法如右水倒左。宜未水來。子癸寅水去。如左水倒右。宜甲水來。午丁水去。來取生旺。去宜休囚也。

申龍申山寅向論陰宅

申龍申山寅向。宜兼庚甲一度。庚申庚寅分金屬土吉。壬申壬寅分金亦吉。二度半爲後天坤大畜卦之三爻。納丑戊度爲先天升无妄卦。是巨門納土。故相生也。會

公有與人下申龍申山寅向用壬申年壬子月壬辰日壬寅時其亡命是丁巳丁以壬爲合官又巳與申合申子辰馬居寅向後己午年年發貴云

辛龍壬山丙向 論陰宅

案古山有不得已而勉强用者如賴公之辛龍立壬山丙向是也辛龍巳不能用午丁之向或巽巳又犯頂腔乙辰又犯破腦故權用壬丙也蓋丙與辛合爲合官更或有艮峰爲三合催官又何常不吉故賴公取辛酉年辛丑月辛酉日癸巳時蓋用三辛以補龍

地支會局以相助耳。兼度仍以己亥爲辛之長生。甲午甲子分金。又庚午庚子分金爲龍家之比旺。而卦爻又得先天萃大畜卦武曲後天節旅卦爲廉。四爻納申未爲配合生旺。術家之妙。正爲此也。故曰神而明之。存乎其人云。

土龍六局合璧

艮坤辰戌丑未六龍屬土。考原曰。土生於申。寄生於寅。有曰水土同宮。照二十四長生考。則爲火土同宮也。如照水土同宮。則以申子辰爲旺局。如照火土同宮。則以申子辰爲財局。然亦均屬可用。即古課亦多用之。以寅午戌爲印局俱吉。巳酉丑金局爲洩。亥卯未木局爲煞俱凶。喜丙丁戊己干。

艮龍壬山丙向 論陰宅

艮龍壬山丙向。宜兼子午三度。是庚子庚午分金。屬土。先天萃大畜卦為武曲後天節旅卦為廉貞初爻納戊己俱補龍也楊公有艮龍作壬山丙向用辛亥年庚子月丙申日丙申時蓋取艮納丙又取丙辛合水地支亦合水俱用財局況壬山長生在申子月月德在壬故大貴也廖金精有艮龍亦作壬山丙向課取庚申年戊子月庚申日庚辰時後人只知其用三合局耳然何以用天干三庚字乎蓋庚申年遁得眞馬在坎眞祿在兌想此山必壬兼子是則眞馬在山眞祿在庚兌而又天干三朋歸祿於申當細察之方知古人作用

之妙也

艮龍甲山庚向論陰宅

艮龍甲山庚向。照生剋而論。是木剋土。何以亦能用。經云。息星剋母主榮昌。此之謂也。楊公有艮龍甲山庚向之課。用丙辰年。丙申月。丙申日。丙申時。後人發貴綿長。蓋取申辰三合局。又四丙火生艮土。況艮又納丙也。如主命丙生故吉。倘辛巳生尤吉。蓋丙與辛合。而又四丙俱歸祿在巳。何吉如之。查丙辰年七月、眞馬在艮。眞祿入中宮。古人取用。其妙如此。

艮龍癸山丁向論陰宅

艮龍癸山丁向。宜兼子午一度十分。己丑己未分金屬火。舊盆則作戊子戊午分金亦屬火。蓋戊與癸合火更佳。楊公有課曰。艮山丁向水流未。丁上尖峰起。丙申七月丙申時。天地合玄機。十三又是丙申日。烏兔分南北。一周三載橫財歸。文武掛紫衣。案其課取四丙申。甚後五百日及第。課是四柱干支一氣格。又四點丙火生艮土補龍。况艮又納丙也。

坤龍坤山艮向論陰宅

筮命理地理選擇凡陰陽術數家例皆重之至弔替飛宮選擇獨重大約得陰陽之和此說爲近理也曹震圭指爲紫微垣左樞傍之一星所考失實以冬至而論此星現居赤道辰宮二十七度黃道巳宮二十六度隨節氣而轉移不過千餘年易一位矣而貫人起例自古及今并無易例可知其考之不實也

三元九星

黃帝遁甲經曰三元者起於九宮也以休門爲一白死門爲二黑傷門爲三碧杜門爲四綠中宮爲五黃

開門爲六白。驚門爲七赤。生門爲八白。景門爲九紫。通書有九宮之理。靜則隨方而定。動則依數而行。考原之卷。已詳言之。然尚未發明年三元月三元日三元之數也。照協紀則以康熙二十三年爲上元。則自上元甲子起一白。乙丑起九紫。逆數至六十年而盡于五黃。故六十一年之甲子。必逢四綠。故曰中元甲子起四綠。又計六十年而盡于八白。故下元甲子起七赤耳。又六十年而盡于二黑。故百八十年而九星之數。二十週而同盡。三元由此而分耳。三元之月。子午卯酉年正月從八白起何也蓋甲子年正月是丙寅逆數去年十一月方爲甲子月本於甲子月起一白乙丑是九紫逆行至甲子年正月丙寅即爲八白矣三年一週共得三十六個月以月數十二與宫數九計四週而恰同盡也故以子午卯酉爲上元辰戌丑未爲中元寅申巳亥爲下元亦此而分也日亦有三百六十恰合九星四十週之數故冬至夏至以後則爲上元雨水處暑以後則爲中元谷雨霜降以後則爲下元者亦由此而分也故修造之法以入中宫

之星爲主。以紫白爲吉者。蓋取休生開景之義也。謂能制官符獨火諸煞者。是以一白屬水。能制獨火。八白六白以洩其氣。九紫雖云吉星。恐火不能以制火也。如金神。則又宜九紫以制之。一白以洩之。六白八白恐不能制。又反助也。仍要得令爲有力。吉凶神煞。必要參入五行。方爲的論。

八節三奇

通書曰。天上三奇乙丙丁者。出于貴人之干德。遊行十二支辰。以陽貴順行。則乙德在丑。丙德在寅。丁德祿于酉也己年乃丙命祿位又食祿故日巳位非盡作爲八煞也當細考之。

陽宅木局畧

坐巽向乾兼己亥當用金水相生以助木或用木局以補助如行正門宜用辛位打灶放癸水若行横門則宜行甲門或辛門則灶位或坤或卯亦佳東方宜高西方宜低分金宜己亥癸亥上吉若閉煞宜洩局又當别論仍以主命流年元運吊合爲定昔陶公與鄭某作巽乾己亥屋辛亥主命用辛卯年辛卯月辛

未日辛卯時後出四大員官人丁大盛葢四辛與辛命比助年辛爲巽所納方能有濟雖與主命相比亦無用也況卯未與亥命邀成三命又是辛命之才局且與坐家相扶故有是吉耳

陽宅火局畧

坐巳向亥兼丙壬爲祿馬副局用木火相生以扶巳爲主橫門宜行寅方作灶宜酉位放水宜癸丑葢取亥爲巳之馬用寅合之以爲我用又巳丙火長生在寅丙以亥爲貴人使其一寅通氣各方化合耳酉屬

兑己爲兑所納，亦兩氣相爭也。昔曾文辿爲壬午生命造巳亥壬丙屋，用四巳巳盡己祿在午，命壬命貴人在己，命貴與向馬同會于己，又地支一氣與坐家比旺扶山相主，妙理無窮，後果出狀元。

陽宅水局畧

上一格爲巳亥丙壬則爲火局，茲用壬丙亥巳則爲祿馬同宮水局正格。上篇立向舉隅論已詳晰，此向無容贅立。雖陰宅與陽宅不同，然亦大同小異耳。如立坐子向午兼壬丙，宜納水局，則申辰兩方爲本宮所納。行門作灶。誰日不宜。但辰上煥卦二爻爲本宮正八煞之位。倘大意不細。悞用此線。凶不堪言。行正門。宜辛坤申位作灶。放水宜乙卯位。或丁未方。均可用。如行横門。宜行巽方。或辛申方。俱合坤位。不可放水者。是消亡水耳。選擇日辰必與主命化合爲貴。寔難盡載。况論陰宅處已舉多課爲譜。又何容太過贅立乎。因陽宅尚有外六事。臨用時。將其方位高低收納。開洩得宜。便能全美。即按圖索驥。恐不能盡合也。想識者。亦當以爲然。

初集全卷終

陽宅形氣略附刻

江西吉安沈香楠雲門甫撰稿
廣東南海陳啟沅芷馨甫編次
陳錦篇蒲軒甫繪圖

相宅高低離連補洩氣運輪流變活論

凡人之居處宅場脈絡融結之精乘地氣也水局門路納天氣也不拘宅之大小若有分房左右前後高低便殊衰旺氣宅內不專以地中之氣爲主兼取五氣爲先盖氣本横行從門而入其力與地氣相敵地

氣旺而門衰。吉凶參半。其宅左右前後高低。當離則離。當連則連。當補洩則補洩。參以氣運先後天九宮八卦。五行生尅制化。則門地俱旺。然後可以召諸福也。若氣從尅殺方來。則宅受尅殺。居此宅人亦染凶氣。氣從生旺方來。則宅受生旺。居此宅人亦沾吉氣。故門第之外。有內六事。有外六事。各等。若論外街巷道路等事。直朝者作來氣論。如坤方有路街巷水朝。宅受坤氣也。乾方有路街巷水朝。宅受乾氣也。橫截者又當正論。如乾方橫路衢巷。則宅受巽氣也。坤方有橫路街衢。則宅受艮氣也。朝路比之來脈。橫路比之界水。前後左右隣近高峻處。所亦護衛蓄氣也。如宅外艮方有高屋。則氣被障阻。卽從艮方旋向我宅。坤方有高屋。亦被氣阻斷。卽從坤方覆我宅。所謂自高及下者也。然要自生旺方來。切忌從關煞魁煞方回。故生旺喜多高屋。高屋多則氣厚。高屋少則氣薄。若遠方高屋迢遞而來。漸近低歸結到宅。氣運一氣相生。氣尤百倍矣。夫旣遷居定向。何以時興時廢。要知地脈與天運同一氣化。以三元之衰旺而爲興廢者也彼專以東西二卦。東西二命相生相尅。以斷吉凶。其實禍福不係於此。若宅氣旺。雖絕命五鬼何害以吉。若宅氣衰。縱延年天醫何救于凶。所以相宅只憑三元以定吉凶也。蓋宅乃一定之物。不能改移。門則可隨方而改。儘有失元之宅。改一旺門以合元運。便能起家。得元之宅。行一衰門。反背運氣。便致滅福。尺寸之間。榮枯頓異。業斯術者。可不慎乎。夫門以通大路者為重。蓋氣在路上。隨人往來。一開門便從門入。正門、便門、傍門、側門、街門。納本元生旺之氣。則全美獲福若昔旺迎煞則諸凶畢集矣至宅內尤以房門為重。室家興替。夫婦配合生育男子繼後承祧。皆原于此宅內重重門路。步步從旺生方引入閨閫。更在吉位安床迎之則五福全收矣。相宅之中有三格。一曰城廓市鎮之宅。二曰荒村曠野之宅。三曰山中深谷之宅。夫城廓市鎮之宅。萬井爨炬重闉比戶地脈朝向大略相同。而考其吉凶判然名別。其所重街巷道路為先。方隅門風為要。不專以水為重。然得遠水乘旺氣。發富貴久遠。近水湍聚池湖生氣福祚綿長矣若荒村曠野之宅天氣散漫立宅以地方蓄氣爲重以水爲主而風門方隅道路街巷次之必須聚廬比屋然後可以會合風氣收盡陽和極丕之宅必四進五進始有蓄藏若一帶直屋及散布數椽氣皆散渙地雖吉發之不久也至山中深谷之宅以風爲主其餘洩煞爲重盖其坑風摩空而下障之者萬尋而偏之者千仞倘其吹祥風氣也發不旋踵倘其吹咎風氣也殄無遺跡風吹氣散又未有不敗者矣夫地氣從下蔭人力深而緩天氣即涵育本身力浮而

速。所以陽宅下乘地之靈氣。上乘天之旺氣也。總之離遠補洩。左右前後。高低以化煞生權。接續相生。斷不能出其範圍矣。

相宅大略論

以下數圖。不過舉一以例其餘。有移步換形之妙。幸勿拘泥迹象。反成板局。理氣之法。本屬活變。盖都邑市鎮。其大形大勢。已成結氣之地。其中方平一片氣厚則地大。氣薄則地小。干門萬戶。安得家家近水而倚之以立宅哉。故全藉門風路巷街水左右前後高低遠近等氣。以上接天氣。下收地氣。層層引進。隨時分應。以定吉凶。然而並非死板之法。斷不可拘泥形跡。即如同一門也。開離門而受地之離氣。下元吉此就離方無水則然。若遇離方有水。近水開離門。則又收水之旺氣。上元吉矣。同一墻也。面朝南當面有墻濶大。近而高偪。則受坎風。若遠而舒坦。則坎風漸變爲離氣矣。同一路也。曲折而來。特朝則爲來氣。若橫過者。又爲界氣矣。同一橋也。偪近而大高者。無論吉凶之方。俱爲煞氣。若自遠疊疊而整齊者。又爲來氣矣。同一隅空也。方整平坦者爲來氣。若墻尖屋角歪斜漏風。無論吉凶之方。俱收凹風煞氣矣。此回風反氣之不同也。總之千變萬化。無一定之成跡。惟在心目靈光。有以迎受趨避之而已。此術久秘人間。茲悉心錄出是否有當。請爲高裁可也。

壬山丙向宅譜

前街左巷左水倒右圖

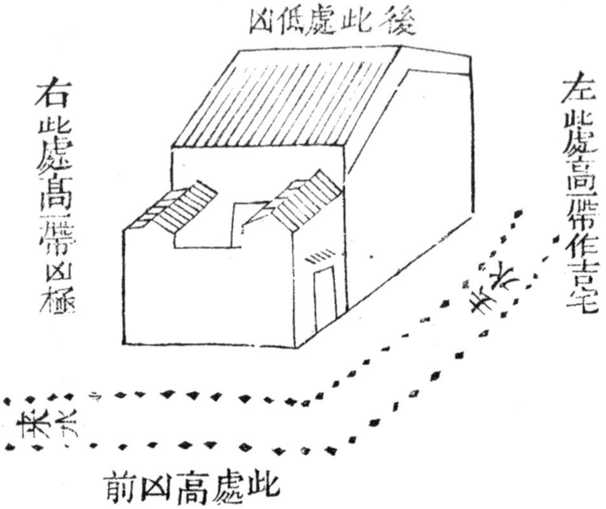

坐壬向丙兼亥三分水出丁位。左便有水來並有生旺氣到。疊疊自高及低而來。街道接透入宅。主丁旺財雄。貴而且富。巽巳高樓拱照。定出大貴。是爲福宅也。若右便有高屋偪近。反爲變局。不作福宅而推著遇太歲並方杀。弔合沖尅。然禍生不測也。如若前面一帶空地。又無屋舍。明堂寬活。又有水局、反爲吉宅也。茲錄一圖。舉一反三。斷不能執板局而爲。總之前後左右高低。有水無水。不同推也。凡潮水漲退。來水反爲去水。去水反爲來水。須左右消納清楚。不可堅執。照大局放水。天井放水看屋左右前後高低消納消煞可也

子山午向宅譜 前街左巷右水倒左

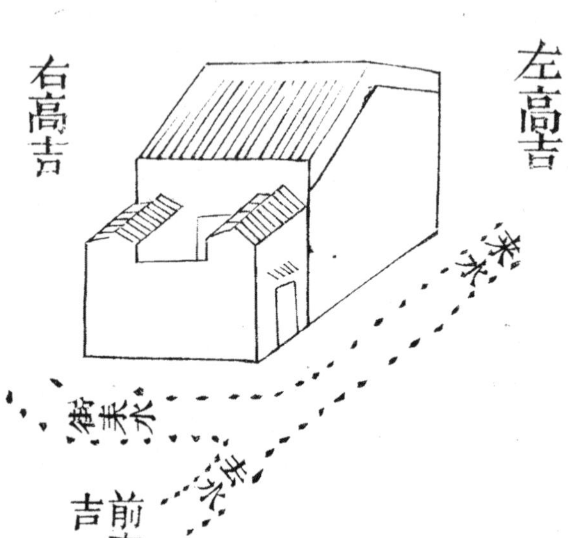

坐子向午兼壬丙。右便街水流左甲乙方出。會左便生旺氣同在甲乙街道出口。開右便街門。並左便門俱佳。左便街外屋高生旺氣入宅。吉宅也。若右便屋高並前面屋高。氣反入宅。亦作吉宅。倘若右便屋高。

左便一帶屋低。並空隅或尖歪破碎。反爲吉凶參半。不甚全美。若流年氣運吉星到宮則吉。若凶星到宮到向。或弔照沖合。亦非吉利。恐人財不吉也。若有包墻圍住。另開吉位門。反成吉宅。接續相生。或洩煞可也。

癸山丁向宅譜

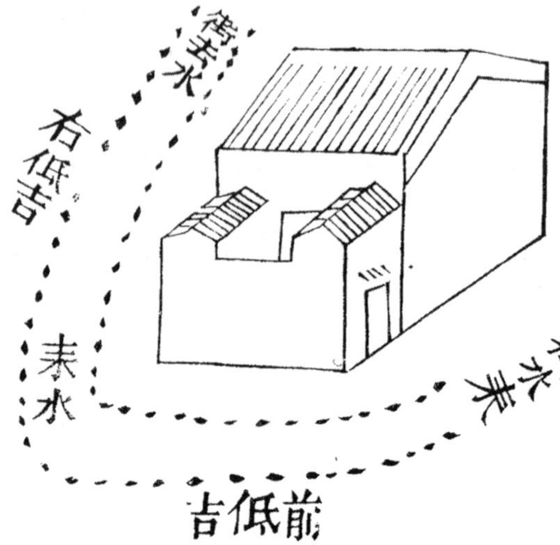

癸山兼子午分金。宜前面明堂寬闊。有水局聚堂。此爲富貴宅也。但前屋高偪。久住運到尅煞坐宮。必有退敗出人遊蕩。不務正業。好人變作歹人。若左便高右便低。亦爲吉宅。若子山兼癸丁向。宜右便高屋一帶。開右便門。迎接續相生。此爲吉宅。若一連四五間一齊平過。此爲動宅有先到後到之生旺而別也。

丑山未向宅譜

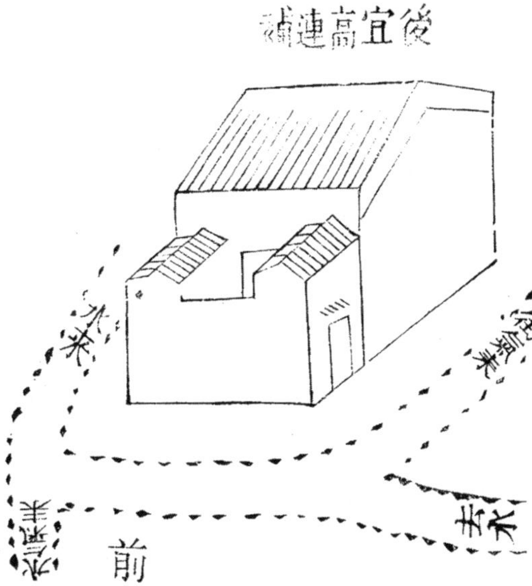

丑山未向兼癸丁分金。此宅右便高屋一連。街巷闊平正大。後屋高大。左便空隅洩低。此宅富貴久遠。宜開右便門迎生旺之氣。人財興旺矣。

癸山丁向宅譜

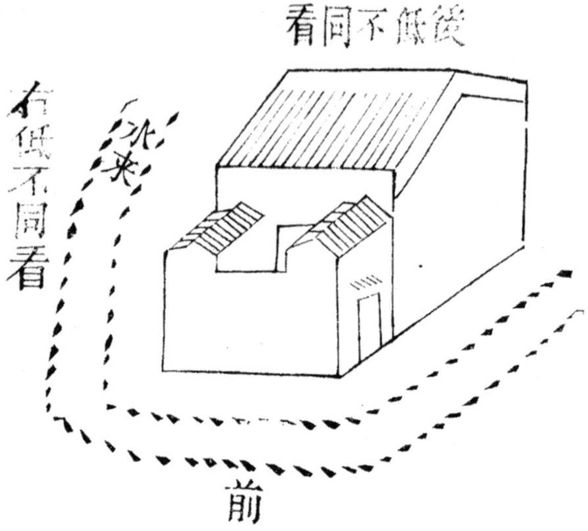

此宅癸山兼子午分金。若潮水來去。必消納清楚。方位相生爲吉。如方位相尅煞。並高照宅運。九星凶星到方。恐不全美。兼子兑水氣來。巽方高。上元吉利。兼丑未坤水氣來。上元吉利。如辰巽水氣到宅。居住雖人丁興旺。然尅煞流年到方。必人口不寧。禍生不測也。

艮山坤向宅譜

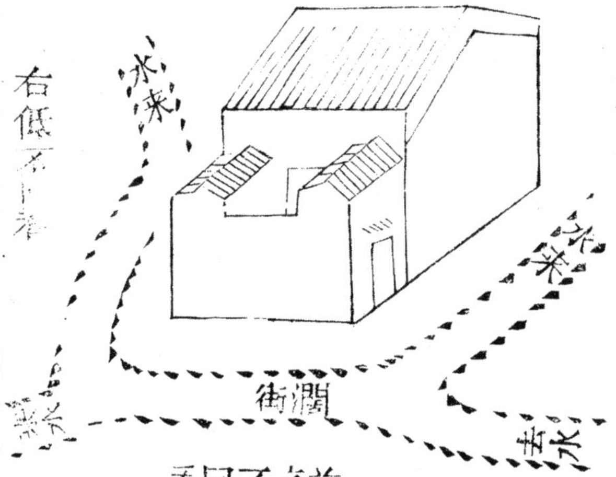

此宅艮山坤向。兼巽水氣來。下中吉利。坤水氣來。上元吉。若兼寅申。乾水氣到。上下俱發。如兼丑未。坤申水氣來。反爲不吉。宜庚酉水氣來則吉矣。若兼丑未堂局寬闊。前面餘地空隔遠發。左右高屋。反爲吉宅。財丁俱旺矣。若艮山兼寅申。面前有塘水注池。左便來氣。左便又一帶高屋閉氣。中元吉。上元敗。一帶高屋者必絶。

寅山坤向宅譜

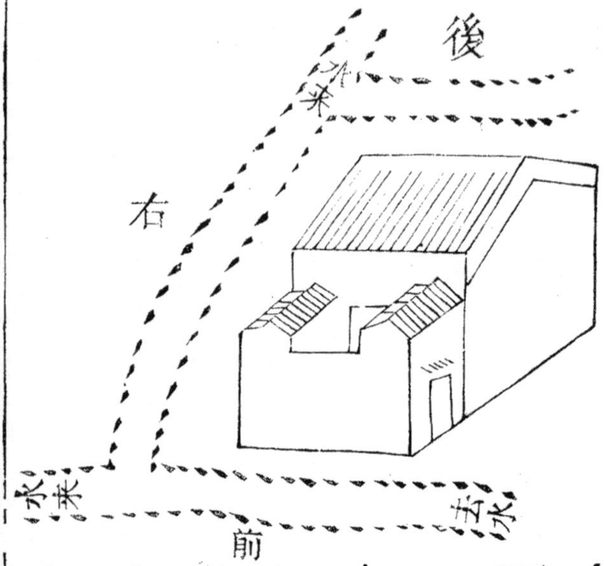

此宅寅山申向。右便生旺氣水到來。上元發速。若庚酉連接。坤申一帶氣到。更加財丁並茂。貴而且捷。若左便屋高大。一帶連接不離。反為暗丁財。雖有而丁微弱矣。上元退敗。多招官非。室內操戈。誣賴命案。常有也。

甲山庚向宅譜

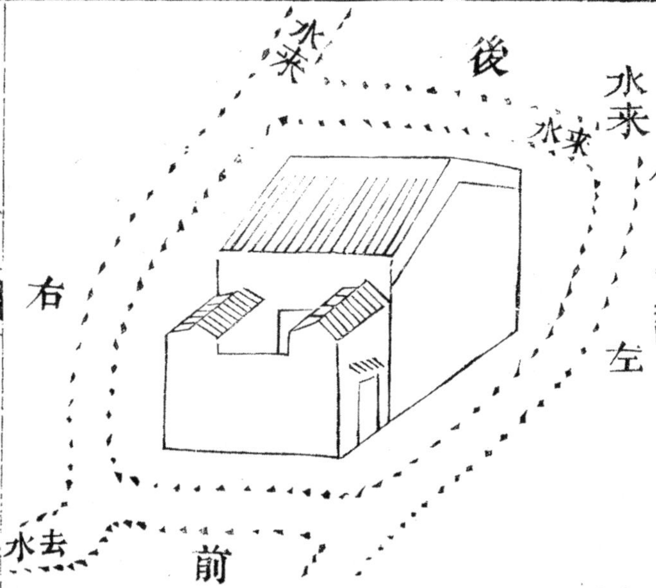

甲山庚向兼卯酉分金。此宅坎方壬子水氣到上下元吉利。巽巳丙午方水氣到來。下中元吉利。財丁興旺。富貴雙全。

卯山酉向宅譜

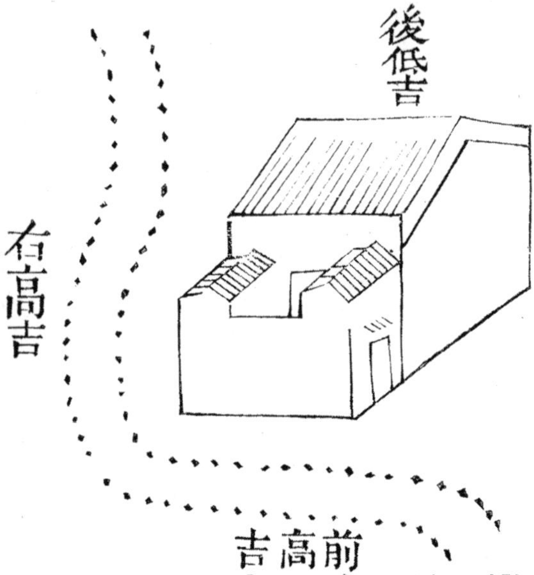

卯山酉向兼甲庚分金。此宅宜前面明堂寬闊。水聚堂前。面屋疊自高而低。此爲福宅。富而且貴矣。後屋宜低。若後屋高。反局矣。此局宜遡丙午丁巽巳並坤申庚方一帶。氣並水來。則全宅興旺矣

乙山辛向宅譜

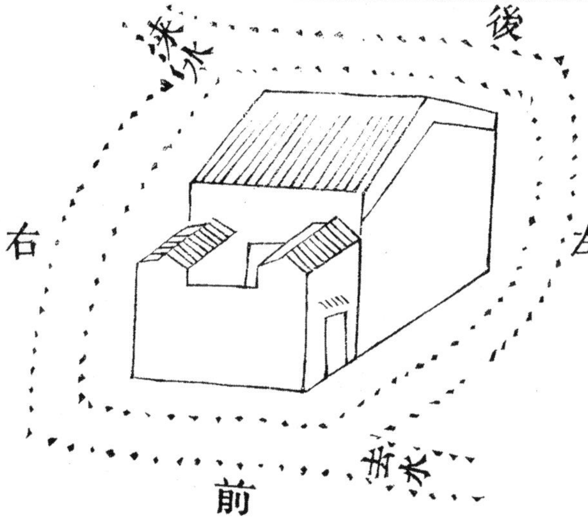

乙山辛向兼戌辰分金。此宅宜收北方氣到宅。會合南方氣到宅。此爲福宅也。左右平高吉。後高亦吉。

乙山辛向宅譜

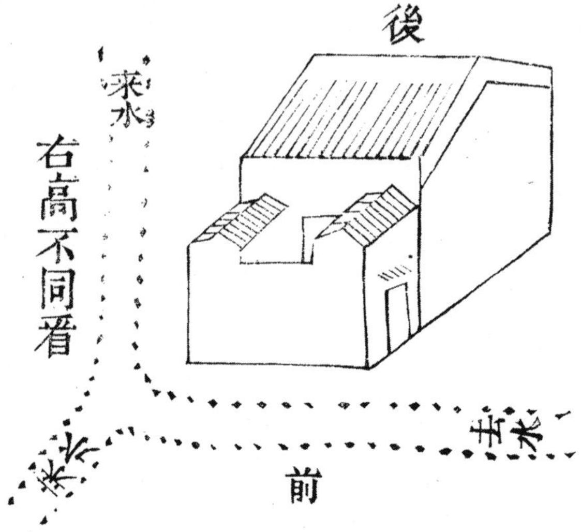

乙山辛向兼卯酉分金。宜有乾亥水氣到堂聚蓄。中元發達。上元亦吉。若坎方水氣會合到堂聚蓄。下元更發。如無坎氣到堂。有南離氣到宅。中元亦發也。

辰山戌向宅譜

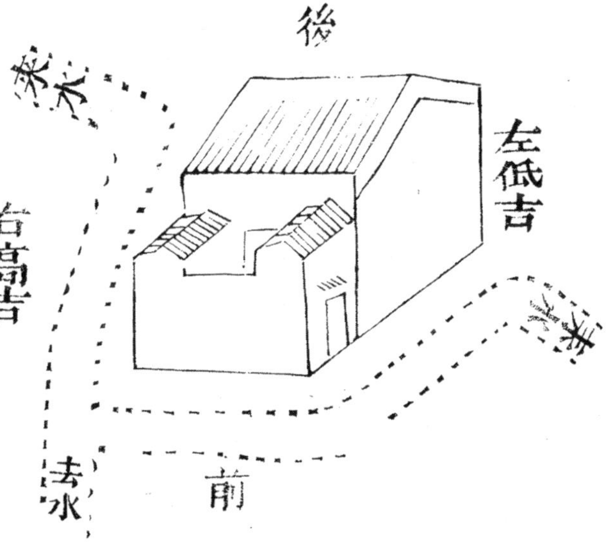

辰山戌向兼乙辛分金之原此宅宜開左便大門迎旺氣入宅後屋要高右便屋要高右便屋低要離開街或空隅必然富貴丁旺矣

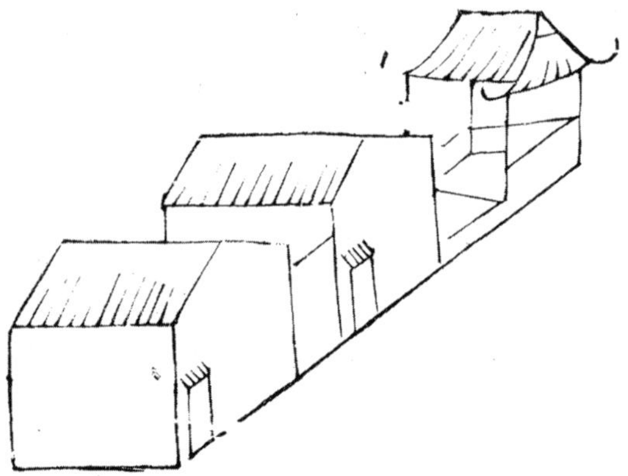

此宅後獨起一亭又前一水池若亭後屋高大疊疊氣閉密煞又且重有此亭池濺煞生宅則吉若無高屋一帶田畔有潮水通入亦作吉論不能動煞也倘或後無高大屋又無田畔潮水通入住宅前後者必然傷損人口吊頸等非命也若遇流年沖動殃煞一動禍生不測矣

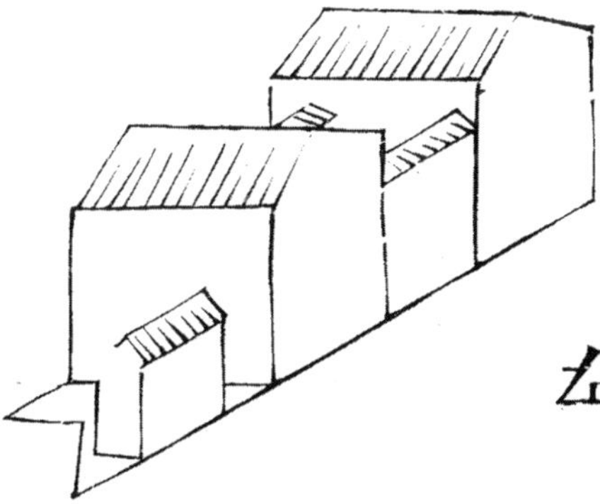

此宅地基不正爲尖破煞宜削去角爲宜不然恐人命官非常招破家散業不能久居矣總之消煞爲佳制煞爲宜如不消煞制煞必然久後廢宅之嗣不繼

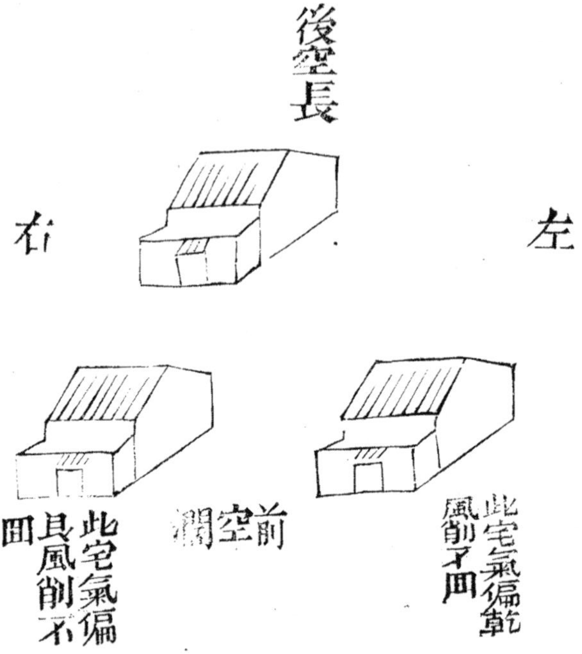

此宅零星散椽曠野之宅有此數間後空長前空闊左一間右一間並無一連數進數間俱作靜宅而論斷不興旺矣如多起屋疊疊而居街巷平正決然興旺人丁富厚也

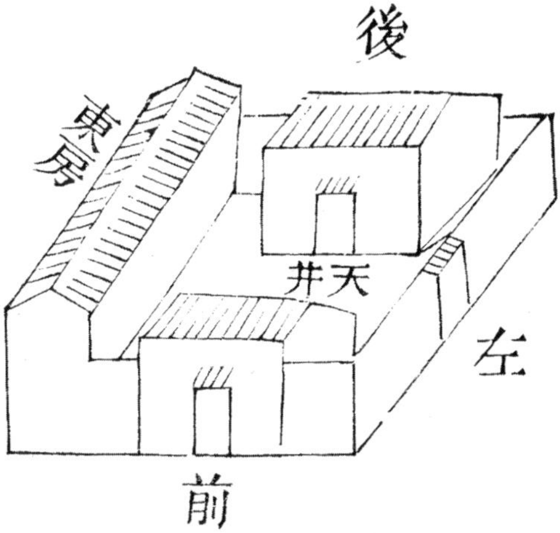

此宅東西兩門俱開卯門但東便房背後有天井長而且大則門上所納之卯氣不敵背後所冲之兌風矣西便屋上元吉東便屋高上元吉然須分前後左右高低消納生旺之氣接續相生方得此宅天井長大斷不使洩也總以連補爲佳

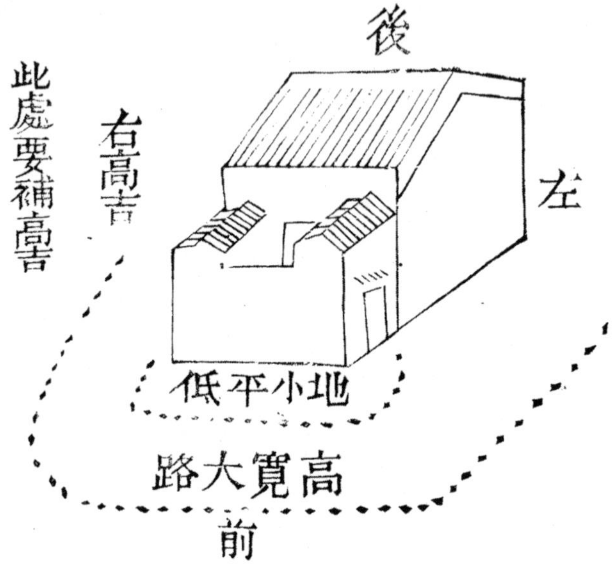

此宅後墻高或後屋高則吉前面路如櫃幛主陡然富貴右便宜高補連以遊年星吉方位種植或起造墻等項則吉前面前屋高亦吉此爲驟福之宅也

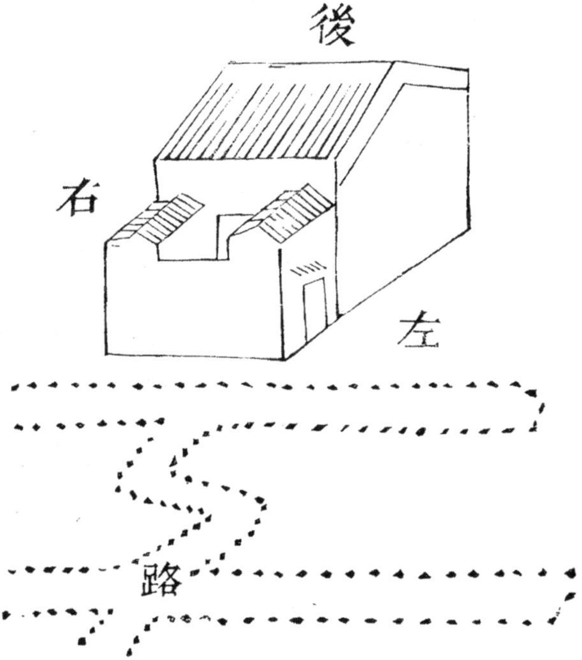

此宅木宅水路形格系字入門常進橫財若得吉星吉方水朝並峯巒拱照富貴綿長人丁大旺

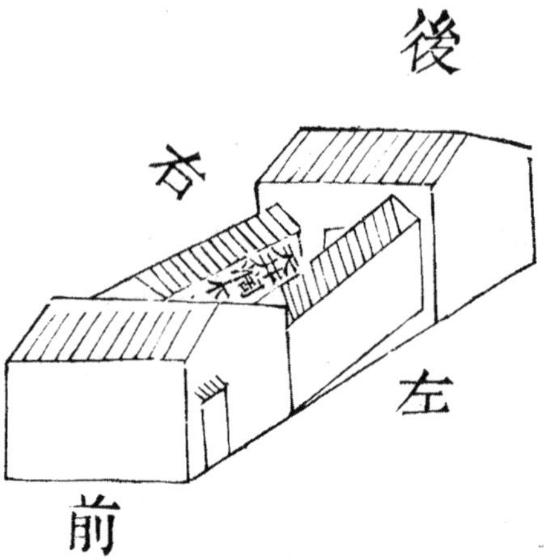

此宅動靜相連內堂左右二間歪偏不方天井宜四方平正爲上今成濶頭木內窄外寬若運到中宮流年飛到方決然人口破損此爲散氣之宅宜補連爲佳

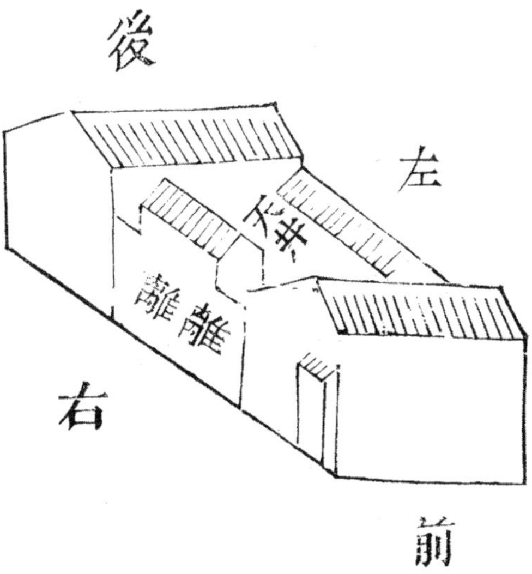

此宅動靜相連內堂右便橫屋脫離兩頭左便一帶相連中間天井深活陽白天白大重此爲冷氣之宅主人財不吉生離死別風顛孤寡修方宜連補圍墻接續相生則吉

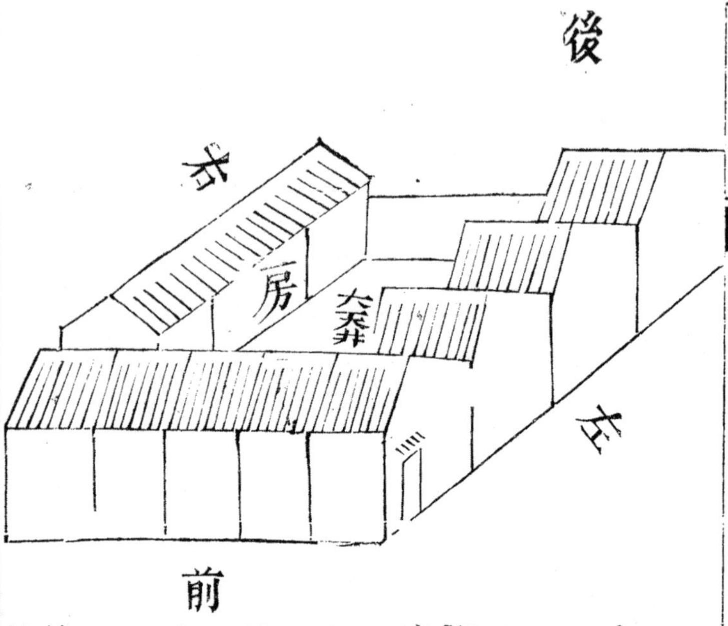

左庚山甲向兼卯酉
三分一連四進動宅
右甲山庚向兼卯酉
一帶數進曲尺開西
門此宅形深而且長
節節重門開兌門中
關天空地闊四維俱
密有此吉彼空之異
只因左便屋向東右
便屋向西東南伸長
一足變成乾氣入宅
內居巽方受氣者財
祿入丁興旺內居向
東屋者氣受衰氣有
此吉彼空之異陽宅
不能板局也如此可
推此動宅不同靜而
推

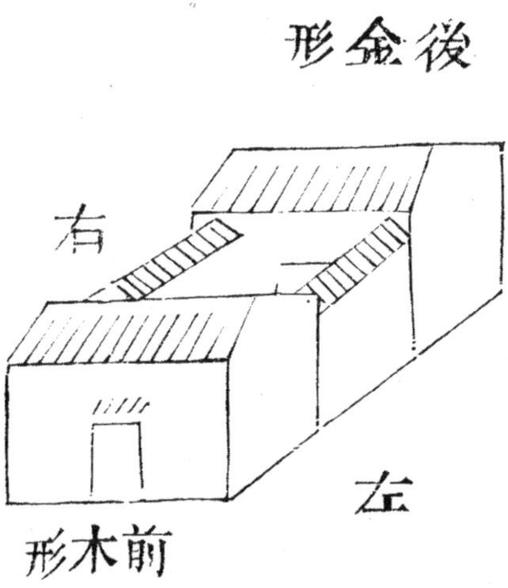

此宅後金前水形如後屋得位者前木形屋住人不富若左右屋有動煞尅制木形者尤凶如左右有尅制金屋者金屋受制不能尅木形矣木形屋住人平安若流年太歲弔合沖動決有損人破財尅妻墮胎損長子矣前木後金得位坐向者吉相尅者凶

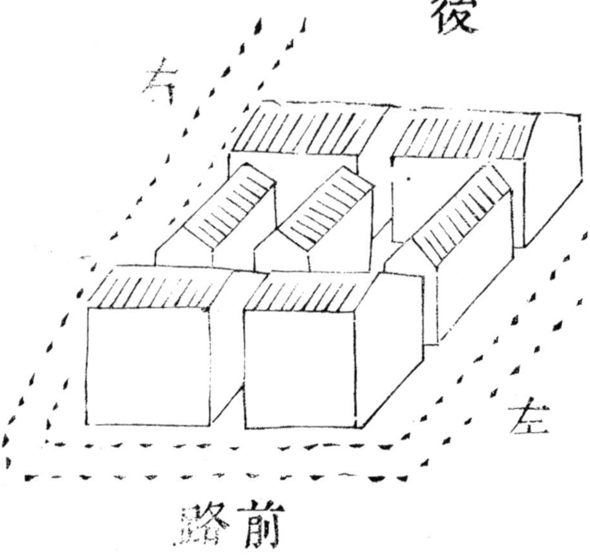

此宅一進三進中間平過三間各向前後四間同向居中者决然損丁破財橫禍官非外死入宅後二間過左便間疾病不脱右便間九宫飛宫到向流年逢凶者損丁破財前面二間不同看也此爲搬屍宅

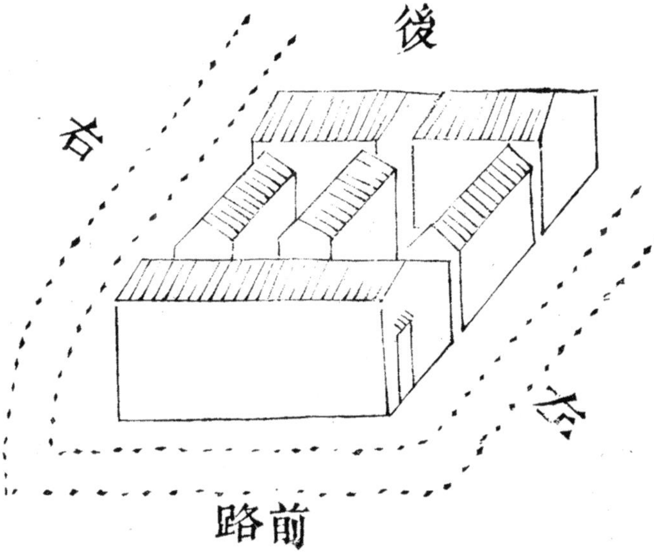

此宅與撇脊稍異一連三進後屋二間中央三間各向前面一間高大居此宅者吉利矣其中央三間受煞主損小口人丁疾病黃腫妻女蠱病人居者絕嗣後二間丁之財微亦非久遠之宅也

作灶擇日論

灶爲一家之主養生所由關焉故司命之神視主中饋者爲隆替也盖中饋之所從而灶之動作有因豈能執一槪施今見時師爲人選擇輙取主命之食祿生旺爲吉至有同一生命同一日時而作灶之家彼吉此凶者非由用神之各不同乎因知作灶之課不易擇故畧表及之

法專看饋主所從如從夫則取夫星爲用從子則取子星爲用從翁則取印綬爲用神務要透現生旺及

得令四柱扶助不可尅制須要補救經云用神不可有損傷是也其課選合堆祿堆貴祿貴交馳遁取歲命祿馬貴人飛到灶向尤妙課命切不可相刑冲胎元亦不可冲也

作灶催丁課

盖灶以向爲主論煞以坐爲憑其法要得男女命天嗣星天喜紅鸞祿貴及歲祿貴太陽太陰天乙二德星到向到命將三元運遁到男女年配灶向卦合生炁延年天喜天醫吉向或本年太陽到方到命到向

課取夫星生旺子星有氣四柱扶助用神不刑冲胎元不冲尅用後決然催丁多生貴子矣

卷六下終

予友沈雲門江西吉安府人也深於地理相宅尤精三到吾粤每有奇驗乙酉冬夜過惜陰草堂訪予談次謂予曰聞君所著理氣溯源初集告成可令觀乎予出以請訂既而雲門復袖出所著形氣略相示息心校閱愛其生尅制化無碍正理蓋三元氣運之說此天地自然之機各書多有遵用而未有如此論之闡微者既括之以連離補洩復解之以向背改移再分之以三格而又發明變易之所以然層層達出又恐閱者未會斯意復圖解之雲門之用心苦矣遂將

附刻以公同好但所繪各圖未能了然特着兒子錦篇爲之更正未敢謂果能無毫髮之差舉一反三是在閱者之會心耳

光緒十二年歲次丙戌嘉平朔南海陳啓沅跋